Sperrsitz oder Parkett?

[kinozeit zwei]

kinozeit

ist eine Reihe mit Texten zur Filmgeschichte. Präsentiert werden Klassiker, aber auch Raritäten, die heute selten gezeigt werden.

kinozeit zwei

Im Zentrum stehen ausgewählte Filme, die im improvisierten Gelegenheitskino an ungewöhnlichen Orten präsentiert wurden. Vertreten sind die Genres „Film Noir", Horrorfilm, italienischer Neorealismus, Animationsfilm und vor allem Künstlerfilme: Dokumentationen, Biopics, Opernfilme, sowie Videos und Spielfilme von Künstlern.

Über die Autorin:
Karin Hartewig, Dr. phil. (Jg. 1959), ist freiberufliche Historikerin und Autorin von Sachbüchern, Essays, Belletristik und Lyrik.
Sie hat 2013 den gemeinnützigen Verein „Sperrsitz filmclub e.V." als mobiles Kino gegründet.

Karin Hartewig

Sperrsitz oder Parkett?

Notizen zur Filmkunst in Zeiten des
mobilen Kinos

Bibliografische Informationen der Deutschen Nationalbibliothek: Die Deutsche Nationalbibliothek verzeichnet diese Publi-
kation in der Deutschen Nationalbibliografie; detaillierte Bibliografische Daten sind im Internet über http://dnb.dnb.de
abrufbar.

Herstellung und Verlag: BoD – Books on Demand, Nor-
derstedt

ISBN: 978-3-7481-7117-1

www.bod.de

Inhalt

Die Magie des Kinos

Als das 20. Jahrhundert noch jung war und die Bilder laufen lernten, begann das Kino als provisorisches Wanderkino in Schaubuden und Gaststätten. Bald entstanden die ersten ortsfesten Ladenkinos, die „Kintöppe". Und wenig später wurden in den 1920er Jahren die großen Lichtspieltheater gebaut. Sie trugen klangvolle Namen wie *Eden, Capitol, Zentral, Gloria, Collosseum, Tivoli, Odeon, Alhambra* oder *Delphi*. Zuschauersäle mit mehreren Hundert Plätzen waren in den neuen Palästen der Großstädte keine Seltenheit. Aber auch die Kinos in den Arbeitervierteln, die als „Nachspieltheater" für den bescheidenen Lohnempfänger errichtet wurden, wie das „Sendliner Lichtspielhaus" in München (1929-1969), kamen nicht selten auf 900 Plätze.

Aus dieser Zeit stammte auch der „Sperrsitz". Findige Kinobesitzer hatten ihn aus der Welt des Theaters und des Zirkus als besonderen Service für ihr zahlungskräftiges Stammpublikum übernommen. Dem Zuschauer, der für mehrere Vorstellungen im Voraus bezahlte, wurde exklusiv für „seinen" Sitz ein Schlüssel ausgehändigt. Der gemietete Sitz wurde hochgeklappt und abgesperrt. So hatte der Dauergast seinen Platz sicher.

Heutzutage versetzen vielfältige Initiativen – vom Scheunen- und Hofkino über das mobile Kino bis zum „Guerilla-Kino" – das Publikum wieder in die Anfänge des Kinos. Improvisiert wird in Nebenräumen, leerstehenden Ladenlokalen, Fabrikruinen und sogar unter Autobahnbrücken. Oder der Kino-Bus fährt über die Dörfer. Die Möblierung wird an Ort und Stelle aufgebaut und ist bunt zusammengewürfelt. Der Teppich vom Flohmarkt erinnert womöglich an das Wohnzimmer der Oma. Klappstühle und Biergartengarnituren sind so hart wie Zirkusbänke. Die Monoblock-Bestuhlung ist auch nicht bequemer. Oder eine Böschung im Freien dient als natürliche Zuschauerarena. Und die Technik – ein kompakter Beamer mit integrierten Lautsprechern und eingebautem DVD-Player und die Leinwand, ein Bettlaken in Übergröße und Schnüre zum verspannen oder in der Luxusversion eine Roll Up Leinwand, – passt in jeden Kleinwagen. Doch die alte Magie des Kinos funktioniert auch hier! Es beginnt mit dem Vorspiel, dem weich ausgeleuchteten Ort, es setzt sich fort mit dem Abblenden der Beleuchtung bis zur Dunkelheit, der einsetzenden Musik, dem Vorspann und den ersten Bildern. Was macht die Magie des Kinos aus? Es ist das gemeinsame Erlebnis im Kinoraum, der auch ein schäbiger Hof sein kann. Es ist die Schaulust des Publikums. Und es ist die suggestive Kraft der bewegten Bilder in Überlebensgröße, von denen sich selbst der unterkühlt distinguierte Schriftsteller Thomas Mann, ein bekennender Kino-Fan, zu Tränen rühren ließ. Er fragte 1928: „Sagen Sie mir doch, warum man im Cinema jeden Augenblick weint oder vielmehr heult wie ein Dienstmädchen!" Weshalb kluge Veranstalter zu gegebenem Anlass zusammen mit dem Ticket auch gleich Taschentücher ausgeben.

Die improvisierten Events an unmöglichen Orten sind der bekannten Malaise namens „großes Kinosterben" geschuldet. Insbesondere die Filmkunst jenseits des kommerziellen Mainstream, deren Filme Generationen von Cineasten als ihre ganz persönliche „éducation sentimentale" erinnern, hat in vielen deutschen Innenstädten keinen festen Spielort mehr, seitdem das Verschwinden der Kinos in seine letzte Phase getreten ist und eine neue Schließungswelle viele Lichtspielhäuser erfasste. Längst senkt sich der letzte Vorhang auch in Kinos, die weniger intellektuelle Kost bieten – im Osten schneller als im Westen. Mittelfristig wird es in ostdeutschen Kleinstädten mit weniger als 10.000 Einwohnern keine Kinos mehr geben. Dort, wo mehr Menschen leben, ist den Filmtheatern eine kleine Chance geblieben, aber nur wenn sie in mehreren Sälen ein breites Programm anbieten können.

Das Kino hat bessere Zeiten gesehen! Nach dem Zweiten Weltkrieg waren die Leute fast jedes Wochenende in ihr Lichtspieltheater gegangen. Das blieb auch in den fünfziger Jahren noch so. Damals erlebte das Kino seine große Zeit als Illusionsmaschine und als Kraftwerk der Gefühle. Bis das Fernsehen dem Kino das Wasser abgrub. Kinofilme, die im Fernsehen zu sehen waren, Eigenproduktionen – darunter Serien und Krimis und vor allem die großen Familienshows am Samstagabend - wirkten wie „Straßenfeger". Die Leute blieben immer öfter zu Hause. Die Konkurrenz des neuen Pantoffelkinos löste Ende der fünfziger Jahre, als es in der Bundesrepublik und in Westberlin etwa 6.500 Kinos gab, das erste Kinosterben aus, das bis weit in die sechziger Jahre andauerte. Betroffen waren viele Wald- und Wiesenkinos, von denen sich in Großstädten in jedem Stadtteil mehrere befanden. Filmtheater schlossen ihre Pforten. Manche von ihnen verwandelten sich in Tanzsäle. Andere wurden umgebaut. Und aus den schönen großen Kinos wurden lauter kleine Schachtelkinos. Man reduzierte das Personal und damit den Service und setzte stärker auf den Verkauf von Süßigkeiten und Getränken als zweite Einnahmequelle. Bis dahin war es zum Popcorn- und Taco-Kino mit Jumbo Coca Cola-Bechern nicht mehr weit. Der neueste Schrei aber waren die Raucherkinos – das Signum einer Ära, deren blauer Dunst sich aus der Öffentlichkeit längst verzogen hat. Aber es gab in den fünfziger Jahren auch einen gegenläufigen Trend: Einzelne große Kinos wurden modernisiert: Versehen mit der neuesten technischen Ausrüstung sollten sie ausschließlich Super-Monumental-Filme in Cinemascope im Programm haben. Insgesamt überlebte nur knapp ein Drittel der Filmtheater. In den 1970er Jahren tauchten in der Branche ein paar Neulinge auf. Sie setzten auf Konzepte und Inhalte: das Programmkino und die Filmkunst-Theater waren geboren.

Das zweite Kinosterben setzte in den achtziger Jahren ein, als die Fernsehanstalten begannen, im großen Stil Kinofilme einzukaufen. Nicht selten strahlten sie diese zeitgleich aus, als die Filme in einer ganzen Reihe von Kinos noch auf dem Programm standen. Vor allem aber erwuchs dem Kino mit den Videos als neuen Medien eine starke Konkurrenz. Auch hier wurde die Schamfrist, wann ein Kinofilm auf Video erhältlich war, immer kürzer. Hier hatte man einmal bei sechs Monaten Karenzzeit angefangen. Und schließlich trug die Monopolstellung der großen Kino-Center im Verleihgeschäft dazu bei, dass viele Betreiber kleinerer Kinos keine Chance hatten, einen neuen Film zeitnah zur Premiere zu zeigen.

Das nächste Kinosterben fand nach der Jahrtausendwende statt. Inzwischen zog es die Deutschen noch seltener ins Kino, nicht weil das Wetter so gut oder die Filme so schlecht waren. Die neuen Möglichkeiten, zu erschwinglichen Preisen ein Heimkino auf die Beine zu stellen, waren der

Grund. Was den Deutschen in den 1960er Jahren der Partykeller war, wurde ihren Enkeln fünfzig Jahre später das eigene Kino in bester Qualität: Wer die neuesten Filme sehen wollte, besorgte sich die DVD oder Blue-Ray. Flachbildschirme mit mannshoher Bildschirmdiagonale von 1,80 Metern sind kaum kleiner als manche Leinwände von Minikinos. Und bei einer zunehmenden Zahl von Streaming-Diensten muss der Cineast heute nicht einmal das Haus verlassen, um aktuelle Filme zu sehen.

Nun versuchten es einige Kinobetreiber mit Luxus. Sie erfanden die „Film Lounge": ein Gläschen Sekt zur Begrüßung, breite Ledersessel, Beine hoch, Bedienung am Platz mit Drinks und gutem Rotwein und kleinen feinen Snacks – alles außer Popcorn. Das Geschäftsmodell hat vornehmlich ein reiferes und zahlungskräftiges Publikum im Blick. Das Konzept scheint vorwiegend erfolgreich zu sein. Es ist aber sicher ein Nischenprodukt für in die Jahre gekommene Großstadtpflanzen.

Bei allen Herausforderungen ist das klassische Kino nicht tot zu kriegen – trotz des Jahrhundertsommers 2018, der den Betreibern von Filmtheatern als Umsatzeinbruch und mittlere Katastrophe im Gedächtnis bleiben dürfte. Noch immer gibt es in Deutschland 1.671 Kinos. Die Anzahl der Plätze hat mit 788.000 sogar ein Rekordniveau erreicht.

Heute bekommt zwar niemand mehr einen Schlüssel für seinen Klappsessel. In manchen Kinos, in denen die Zeit stehengeblieben zu sein scheint, ist aber die Platz-Kategorie „Sperrsitz" geblieben. Doch der Name ist inzwischen doppelsinnig: Mal ist der Sperrsitz ein besserer Platz, zwischen der exklusiven Loge und dem einfacheren Parkett. Mal werden die billigsten Plätze in der ersten Reihe so bezeichnet. Früher war das die „Holzklasse". Manche Zeitgenossen nennen sie despektierlich „Rasiersitze", weil der Zuschauer den Kopf so weit zurücklehnen muss wie der Mann beim Barbier, welcher sein Kinn mit Rasierpinsel, reichlich Rasierschaum und einem scharfen Rasiermesser bearbeitete.

Kein Grund zur Sorge also? Falsch! Die nächste Herausforderung wartet hinter der nächsten Ecke. Es sind die überaus erfolgreichen Eigenproduktionen der Streaming Dienste – Serien von Netflix oder Amazon, die niemals für ein breites Publikum im Kino zu sehen sein werden. Manche Betreiber von Programmkinos versuchen, das Publikum stärker in die Programmauswahl einzubeziehen – eine Art Mitmachkino für ausgesuchte Tage. Ob die Hoffnung, auf diese Weise eine Community aufzubauen und an „ihr" Kino zu binden, sich als tragfähig erweist, wird sich zeigen. Vielleicht könnte man auch die alte Idee der Sperrsitz-Miete wiederaufnehmen und für die Cineasten unter den Zeitgenossen eine Art Kino-Abonnement einführen: Ein abschließbarer Kinosessel für eine paar Monate oder ein Jahr zur beliebigen Nutzung, wie wäre das?

Das Kino als besonderen Ort zu erhalten und als soziale und ästhetische Erfahrung zu ermöglichen und zu stärken, bleibt die Herausforderung des Tages. Gemeinsam mit anderen in einem abgedunkelten Saal mit ungeteilter Aufmerksamkeit einen Film zu sehen, ohne nebenbei anderes zu erledigen – E-Mails schreiben, Börsenkurse checken oder sich die Bügelwäsche vornehmen – kann man eben nur im Kino. Es ist dieser gemütliche, dunkle, warme Bauch, in dem wir zu Hunderten nebeneinander sitzen, in dem wir uns überwältigen lassen und in eine andere, schönere oder schrecklichere oder aufregendere Welt entschwinden, um nach rund 100 Minuten wieder in die Wirklichkeit zurückzukehren.

Literatur:

Karin Hartewig: Gegen die kulturelle Austrocknung in der Innenstadt. Programmkinos müssen erhalten bleiben! In: Blick, Göttingen (15.09.2010).

Fernseh-Konkurrenz. Das Kino-Sterben, in: Der Spiegel (26. November 1958).

Werner Grassmann: Das zweite Kino-Sterben. Es gibt keinen Mörder, nur mehr oder weniger ahnungslose Schreibtischtäter, in: Die Zeit Nr. 48 (22. November 1985).

„Kinosterben in Kleinstädten", in: Neues Deutschland (1. März 1993) S. 12.

„Guerilla-Kino an der Autobahn", in: B.Z. Berlin (2. September 2011).

Stephan Happel: Kinos in der Krise. Neuer Luxus soll Zuschauer anlocken, in: WirtschaftsWoche (2. Mai 2014).

Reinhold Rühl: Moderne Baugesinnung. Ein Nachruf auf das ‚Sendlinger Lichtspielhaus'", in: Kunst in Sendling. Magazin für Sendlinger Kultur 1 (2017) S. 41ff.

Philip Grassmann: Nicht im Kino. Die Umsätze der Filmtheater brechen ein. Nun gilt es, schlaue Lösungen zu finden, sagt ein Macher, in: Der Freitag. Das Meinungsmedium, 37 (2018).

Die Autorin war Mitbegründerin der „Filmkunstfreunde Göttingen".
Sie hat 2013 den gemeinnützigen Verein „Sperrsitz filmclub e.V." als mobiles Kino gegründet.

Mobiles Kino im Freien und in

Hinterzimmern

King Kong und die weiße Frau (1933)

Dieser Film ist in vielerlei Hinsicht bemerkenswert: Er setzte zu seiner Zeit Maßstäbe für das Genre der Horrorfilme. Er gilt als Meilenstein des frühen Animationsfilms. Und er war der erste Tonfilm, der die Dialoge mit Musik unterlegte und Sprache, Brunftgebrüll, Kreischen und Musik zu einem ziemlich spektakulären Sound vermischte.

Lange durfte der Film nur in einer gekürzten Fassung gezeigt werden. Man nahm Anstoß an der leicht bekleideten Hauptdarstellerin, an unverhohlenen sexuellen Anspielungen und an einigen Grausamkeiten des Gorillas. In der restaurierten Version, die Sie heute sehen, sind diese Szenen wieder enthalten.

Die Dialoge sind gelegentlich schräg. Die Animation wirkt handgemacht, und die Raufereien des Gorillas mit seinen natürlichen Feinden hat den Charme einer soliden Wirtshausschlägerei. Aber King Kong hat den Blues: Das Geschlechtliche macht ihn fertig. Oder wie es der Sensationsregisseur im Film auf den Punkt brachte: „Das Tier beherrschte die Welt. Aber als es die Frau sah, war es aus. Es vergaß seine Schlauheit und ließ sich fangen und zähmen. Denken Sie darüber nach!"

Die meisten von Ihnen dürften ein Bild vor Augen haben: King Kong, das wilde schwarze Tier, erhebt sich ein letzte Mal über die Silhouette der großen Stadt, bis es vom weißen Mann zur Strecke gebracht wird.

Die Story ist Ihnen vielleicht weniger präsent: Der Streifen erzählt u.a. auch eine Geschichte über das frühe Kino, über Sensationen, Angstlust und Schaulust. Ein Filmteam reist zu Dreharbeiten auf eine einsame Insel. Der Dschungel ist die Heimat riesiger Urtiere, an deren Spitze der Gorilla King

Kong steht, den die Eingeborenen als Gottheit verehren. Sie entführen die schöne Hauptdarstellerin Ann Darrow. Die soll dem Riesenaffen geopfert werden. Doch King Kong verliebt sich in die weiße Frau und nimmt sie mit in sein Reich. Nach ihrer dramatischen Befreiung wird das Monster gefangen und nach New York gebracht. Dort soll King Kong als furchterregende Attraktion ausgestellt werden. Aber er kann sich befreien. Er kidnappt Ann und versetzt die große Stadt in Angst und Schrecken. Bis die gute alte Army ihn am Ende zur Strecke bringt.

„King Kong" ist 80! Und noch ziemlich frisch! Längst ist der Mythos vom schwarzen Affen und der weißen Frau Teil der Pop-Kultur. Sehen Sie heute echtes, altes Kino.

Der Film wurde im Eingangsbereich einer Passage im Rahmen der Göttinger Nacht der Kultur im Sommer 2013 gezeigt.

King Kong und die weiße Frau
USA 1933, 100 min.
Regie: Merian C. Cooper, Ernest B. Schoedsack
Musik: Max Steiner
Darsteller: Fay Wray. Frank Reicher, Robert Armstrong.

Frau ohne Gewissen (1944)

Auf dem Programm des heutigen Abends steht ein Film von Billy Wilder: „Frau ohne Gewissen". Wilder wurde vor allem bekannt für seine Filmkomödien (Manche mögen's heiß, Eins, zwei drei, oder Das verflixte siebte Jahr). Aber er hat auch eine andere, dunklere Seite: Im Jahr 1944 drehte er den Film des heutigen Abends, der längst zu den Klassikern des „Film Noir" zählt. Doch was versteht man unter dem Genre „Film Noir"?

Der französische Filmkritiker Nino Frank nannte das neue Kino aus Hollywood 1946 <Film Noir>, schwarzes Kino. Zu den frühen Klassikern der Düsternis gehören *Die Spur des Falken* von John Huston (1941), *Laura* von Otto Preminger (1944), *Todsünde* von John M. Stahl (1945), *Gilda* von

Charles Vidor (1946) und *Tote schlafen fest* von Howard Hawks (1946). Die Europäer kamen später: Englands herausragender Beitrag zum Film Noir war *Der dritte Mann* von Carol Reed (1949), der in Wien spielt. In Frankreich kam das Genre erst in den 50er Jahren an: mit Filmen wie *Drei Uhr nachts* von Jean-Pierre Melville (1953) oder *Fahrstuhl zum Schafott* von Louis Malle (1958), letzterer mit dem wunderbaren Cool Jazz von Miles Davis.

Glück ist keine Kategorie in diesen Filmen, Moral auch nicht. Niedere Motive – Habgier, Lust, Gewalt und Betrug sind an der Tagesordnung. Nicht selten lautet die alles bewegende Frage: wie bringt eine Frau einen Mann dazu, für sie einen Mord zu begehen? Die Meisterin der Manipulation, die Femme Fatale hat ihren großen Auftritt. Und die zwielichtigen Helden sprechen aus dem Off, als müssten sie ihre Sicht der Dinge erklären. Und sie haben Einiges zu erklären. Dies ist keine heile Welt. Happy End – Fehlanzeige!

In den Streifen, in denen es nie richtig hell wird, geht es stets um das Äußerste: die tiefste Einsamkeit, die schwärzesten Nächte, die brutalsten Morde, die verrückteste Liebe, den gemeinsten Verrat.

Einige Worte zur Besetzung:

Für die weibliche Hauptrolle der Phyllis Dietrichson hatte Wilder von Anfang an Barbara Stanwyck im Auge. Er bewies darin ein untrügliches Gespür für das Potential dieser Schauspielerin: Stanwyck überzeugt hier nämlich durch emotionale Kälte. Und das obwohl die Brünette bis dahin in gut vierzig Filmen vor allem leidenschaftliche Weiblichkeit gezeigt hatte. Als falsche Blondine spielt sie nun die Eiskalte. Sie trägt eine wie in Granit gemeißelte steife Ponyfrisur. Oder wie es Buddy DeSylva von Paramount Studios pointierte: Wir engagierten Barbara Stanwyck und wir bekamen George Washington (eine ironische Anspielung auf das steinere Monument der US-Präsidenten am Mount Rushmore).

Barbara Stanwyck selbst war zunächst unsicher, ob die Rolle einer skrupellosen Mörderin ihrer weiteren Karriere nicht hinderlich sein würde. Was Wilder mit der eher rhetorischen Frage quittierte: Bist du eine Schauspielerin oder eine Maus?

Auch Fred MacMurray wurde als Versicherungsagent Walter Neff und Mordkomplize „gegen den Typ" besetzt und entpuppt sich als Glücksfall in seiner Mischung aus zerknitterter Biederkeit, Weichheit, Berechnung und gebremster Obsession.

Ein Wort zum Titel:

Anders als im Deutschen bleibt der amerikanische Filmtitel lakonisch. „Double Indemnity" ist ein Terminus aus dem Versicherungsrecht. Er besagt, dass bei Unfalltod des Versicherten die doppelte Versicherungssumme fällig wird. Den deutschen Titel fand der stets zur Ironie aufgelegte Regisseur wenig gelungen: „Frau ohne Gewissen – das trifft doch auf nahezu jede Frau zu!"

„Double Indemnity" - „Frau ohne Gewissen" beginnt, als eigentlich schon alles vorbei ist. Der ganze Film ist – klassisch für einen Film Noir - eine einzige Rückblende: ein Tonbandbericht, gesprochen in einer regnerischen Nacht. Die Stimme aus dem Off erzählt, was zuerst geschah. Und die Kamera liefert die zwingenden Bilder zu einer üblen Geschichte, in der die Würfel längst gefallen sind.

Das erste, was der Protagonist (und wir Zuschauer) von Phyllis sehen, ist ihr Körper im Badetuch, dann ihren zierlichen mit einem Fußkettchen geschmückten Fuß, der in einem luxuriösen Pantöffelchen steckt. Jedes Detail hat Phyllis auf Wirkung berechnet, auch die gespielt nachlässige Handbewegung, mit der sie ihren Morgenmantel schließt, während sie die Treppe ihres Hauses hinuntergleitet und Walter Neff taxiert, ob er ihr irgendwie nützlich sein könnte bei ihrem Plan. Und der Ahnungslose geht ihr prompt in die Falle.

Zuletzt möchte ich Sie auf ein Detail aufmerksam machen, das Kulturgeschichte geschrieben hat: In den „Films Noirs" der 40er Jahre taucht erstmals ein kleines Requisit auf, das heute aus Filmen nicht mehr wegzudenken ist: die Sonnenbrille! Besonders die Femme Fatale liebte sie. Bei Billy Wilder ist sie eine Möglichkeit des Inkognito, eine Maske, hinter der Gefühle und Motive verborgen werden und ein Utensil, Macht über andere auszuüben durch Unnahbarkeit: Wenn Phyllis sich mit ihrem Mordkomplizen in Jerrys Market trifft, darf die Sonnenbrille nicht fehlen.

Der Film wurde im Mehrzwecksaal einer Gaststätte gezeigt, die für diesen Abend zum improvisierten Kino wurde.

Frau ohne Gewissen
USA 1944, 104 min.
Regie: Billy Wilder
Darsteller: Fred MacMurray, Edward G. Robinson, Barbara Stanwyck.

Rom, offene Stadt (1945)

Mit Luchino Visconti's Film „Ossessione" (Besessenheit) 1943 hatte alles begonnen. Der Film zeigte das Italien der kleinen Leute und nicht den Luxus der Oberschicht – weshalb der Film umgehend von der italienischen Zensur verboten wurde. Kritiker prägten für den neuen Stil den Begriff des „Neorealismo".

Etliche Filme, die in Viscontis Nachfolge in den vierziger und noch in den fünfziger Jahren entstanden, blieben diesem Wechsel der Perspektive und den charakteristischen Merkmalen der neuen Richtung verpflichtet. Sie lauteten: Sozialkritik statt glamouröse Unterhaltung; Originalschauplätze statt Studioaufnahmen; unmittelbare Nähe zum

Zeitgeschehen; quasidokumentarische Authentizität; Fiktion auf realer Basis (Person, Ort, Ereignis).

Nach dem Sturz Mussolinis durch das eigene Volk, wurde der „Neorealismus" zum positiven Begriff. Seine Geschichten, seine handelnden und leidenden Personen, seine Ästhetik des dramatisierten Dokumentarfilms waren nun aufs Engste mit dem neuen antifaschistischen Italien verknüpft. Historisch, moralisch und politisch betrachtet gehört der Neorealismus insofern zum Gründungsmythos Italiens. Der Film „Rom, offene Stadt" zeigt dies am Deutlichsten. Sowohl in seiner Entstehungsgeschichte, wie auch in der Handlung des Films.

Nach dem Sturz des Diktators Ende Juli 1943 handelt die neue Regierung unter Pietro Badoglio mit den Alliierten einen Waffenstillstand aus. Italien hat die Seite gewechselt! Die Alliierten kontrollieren bereits Süditalien, während deutsche Truppen den Norden und die Mitte besetzt halten. Anfang September 1943 kapituliert Italien. Für Rom wird der Status einer „offenen Stadt" ausgehandelt: keine militärischen Operationen, keine Truppenstationierung. Doch die Deutschen besetzen die Stadt. Bis zur kampflosen Räumung sollte es bis Anfang Juni 1944 dauern.

Rossellinis Film spielt zur Zeit der deutschen Besatzung Roms in den ersten Monaten des Jahres 1944. Thema ist der italienische Widerstand in der Hauptstadt, sein Verrat durch Kollaborateure und seine brutale Unterdrückung durch die Gestapo. Die Idee zum Film hatte Rossellini bereits in jenen Monaten. Nach dem Einmarsch der Alliierten beginnt er mit den Dreharbeiten. Die unmittelbare Nähe zum politischen Geschehen ließ „Rom, offene Stadt" zum eigentlichen Begründer des „Italienischen Neorealismus" werden.

Bereits vier Monate nach Kriegsende im September 1945 hatte der Film in Rom Premiere. Anfang 1946 wurde er in New York gezeigt und lief dort 21 Monate lang. 1947 kam der Film auch in Großbritannien und in Frankreich in die Kinos. Er wurde international begeistert gefeiert. Anders in

Deutschland: der Versuch, den Film 1950 zu zeigen, schlug fehl. Das Aufführungsverbot der FSK unterstellte dem Film, „die historische Wahrheit überdreht" darzustellen. Angesichts „einer neuen europäischen Situation" seien „völkerhetzende Wirkungen" zu befürchten. Es sollte bis Februar 1961 dauern, bis man glaubte, Rossellinis Film dem deutschen Publikum zumuten zu können.

Auch die zurzeit erhältliche Fassung ist um einige Szenen gekürzt und in der deutschen Synchronisation entschärft – eine Herausforderung für Filmhistoriker. Die Originalfassung mit deutschen Untertiteln ist atmosphärisch dichter und die deutschen Besatzer sprechen in der Originalfassung tatsächlich deutsch.

Der Film wurde im Mehrzwecksaal einer Gaststätte gezeigt, die für diesen Abend zum improvisierten Kino wurde.

Rom, offene Stadt
Italien 1945, 93 min.
Regie: Roberto Rossellini
Darsteller: Anna Magnani und Aldo Fabrizi.

Gilda (1946)

Auf dem Programm steht nach Billy Wilders „Frau ohne Gewissen (gezeigt im letzten Jahr) ein weiterer Klassiker des „Film" Noir": „Gilda", von Charles Vidor aus dem Jahr 1946. Sie sehen in dieser tödlichen Dreiecksgeschichte die wunderbare Rita Hayworth und als Rivalen Glenn Ford und George Macready.

Zum Genre des Film Noir ist bereits bei der Vorstellung von Billy Wilders „Frau ohne Gewissen" (1944) einiges gesagt worden. Nicht oft genug wiederholt werden können die sehr spezifische Zeichnung der Charaktere und ihre Sicht auf die Welt. Glück ist keine Kategorie in diesen Filmen, Moral auch nicht. Habgier, Lust, Gewalt und Betrug sind an der Tagesordnung. Nicht selten lautet die alles bewegende Frage: wie bringt eine Frau einen Mann dazu, für sie einen Mord zu begehen? Die Meisterin der Manipulation, die Femme Fatale hat ihren großen Auftritt. Und die zwielichtigen Helden sprechen aus dem Off, als müssten sie ihre Sicht der Dinge erklären. Und sie haben in der Regel Einiges zu erklären. Dies ist keine heile Welt!

In diesen Streifen, in denen es nie richtig hell wird, geht es stets um das Äußerste: die tiefste Einsamkeit, die schwärzesten Nächte, die brutalsten Morde, die verrückteste Liebe, den gemeinsten Verrat.

Zum Film „Gilda":

Die Handlung ist schnell umrissen: Auf einer Geschäftsreise hat Ballin Mundson, der Boss eines illegalen Spielkasinos in Buenos Aires, Gilda kennengelernt. Er heiratet sie und nimmt sie mit in seine Welt – eine Welt des Glücksspiels, der Schmuggler und Killer. Dort trifft Gilda auf Mundsons rechte Hand Johnny Farrell, mit dem sie früher eine kurze, aber umso stürmischere Affäre hatte. Ausgerechnet Johnny erhält von Mundson den Auftrag, auf Gilda aufzupassen. In den 90ern wurde eine ganz ähnliche Geschichte in „Pulp Fiction" wiederaufgelegt. Der arme Johnny versucht, standhaft zu bleiben und stachelt umso mehr Gildas Ehrgeiz an, ihn erneut zu verführen.

Gilda ist Traumfrau und Alptraumfrau zugleich. Sie bringt eiskalte Männer wie Mundson, der von sich sagt, das Einzige, was ihn wärme, sei sein Hass, fast zum Schmelzen. Und sie versetzt Heißsporne wie Johnny mühelos in Fieberträume.

Das erste, was der Zuschauer von Gilda sieht, ist ein perfekt geschminktes Gesicht, ein obsessiver Blick und – viel Haar, eine wahre Mähne offener Locken, die sie schwungvoll nach hinten wirft. Ein Anschlag auf die wohlanständige Weiblichkeit der vierziger Jahre. Wir ahnen, hier wird es turbulent. Es riecht nach Skandal und Provokation.

Und es beginnt ein abgefeimtes Spiel zwischen Liebe und Hass, das mit dem Tod des einen Konkurrenten endet. Seinen Höhepunkt erreicht der Film aber schon vorher: Im schwarzen Satinkleid

singt Gilda im Kasino „Put the Blame on Mame"
und streift sich lasziv einen Handschuh vom Arm –
sicherlich eine der erotischsten Szenen der frühen
Filmgeschichte!

Dies ist ein heißer Film – nicht allein wegen Rita
Hayworths Ausstrahlung und der erotischen
Grundspannung des Films. Auch die atemberau-
benden Kleider des Kostümbildners Jean Louis
haben ihren Anteil daran. Vor allem aber waren es
die Frisuren, die Helen Hunt für die Rita Hayworth
kreierte: „Ritas Haar war Teil ihres Spiels".
Charles Vidor gab Regieanweisungen wie diese:
„Du bist jetzt glücklich, benutze Dein Haar!"

Der Film wurde im Mehrzwecksaal einer Gaststätte gezeigt, die für diesen Abend zum improvisierten Kino wurde.

Gilda
USA 1946, 106 min.
Regie: Charles Vidor
Darsteller: Rita Hayworth, Glenn Ford, George
Macready.

Was geschah wirklich mit Baby Jane? (1962)

Die Schwestern Jane und Blanche, die ihrem verblichenen Ruhm als Schauspielerinnen nachtrauern, machen sich das Leben gegenseitig zur Hölle. Bosheit, Niedertracht und offene Gewalt bestimmen das Verhältnis des ungleichen Geschwisterpaares. Doch die Machtverhältnisse und Abhängigkeiten sind in dieser schwarzen Beziehung, die sich wie ein Kammerspiel im geschlossenen Raum einer Villa entfaltet, nur scheinbar festgelegt ...

Die eine der beiden Schwestern wird von Bette Davis verkörpert. Sie galt als Hollywoods „Königin des bösen Blicks".
Bette Davis (Jg. 1908), die in den späten 1920er Jahren als Schauspielerin am Theater begann, kam

1931 mit „Bad Sister" zum Film. In sechs Jahrzehnten drehte sie über 100 Filme. Spielte sie anfangs noch das naive Mädchen, galt sie seit ihrer Rolle als Mildred in „On Human Bondage" - eine der ersten, wirklich fiese Frauenrollen - als „Charakterdarstellerin". Dies war eine höchst unzulängliche Bezeichnung für Bette Davis' Energie, Streitlust und Wutpotential, mit denen ihre Figuren aufgeladen waren. Wegen ihrer temporeichen Tiraden wurde sie in den 1930er Jahren der weibliche „James Cagney" genannt.

Bette Davis verkörperte mit Vorliebe Antiheldinnen. Um bestimmte Rollen und für ihre Spielkunst musste sie mit Warner Bros., wo sie unter Vertrag stand, nicht selten kämpfen.

Sie gab den Frauentyp, der sich stolz, eigensinnig, dominant, offen berechnend, intelligent, witzig und kampflustig präsentierte. Zum unentbehrlichen Attribut wurde die Zigarette. Bette Davis' Figuren rauchten, ob sie nun besonders nervös waren oder überlegene Souveränität demonstrierten, also in fast jeder Lebenslage.

Und Bette Davis übernahm Rollen, die andere ablehnten, weil ihnen das Risiko zu groß erschien, ihr Image könnte Schaden nehmen. Sie spielte unsympathische, moralisch fragwürdige und neurotische Charaktere. Das Böse wurde zu ihrem Markenzeichen: „Niemand ist so gut wie Bette Davis, wenn sie böse ist."

Sie stellte sich dem Alter: mit 30 Jahren spielte sie die 60jährige Königin Elisabeth I – maskenhaft starr. Und sie zeigte in der Rolle der alternden Diva besonders drastisch einen Mut zur Hässlichkeit.

Als erste Frau erhielt Bette Davis nach zehn Oscar-Nominierungen (zwischen 1935 und 1963) und zwei Oskars (Dangerous, 1936 und Jezebel, 1939) und etlichen anderen Auszeichnungen im Jahr 1977 den Life Achievement Award des American Film Institute für ihr Lebenswerk. In großer Robe warnte sie das Publikum: „Fasten your seatbelts, it's going to be a bumpy night." Am 6. Oktober 1989 starb die Schauspielerin Bette Davis.

Aus Anlass des 25jährigen Todestages der Schauspielerin wurde der Film im Mehrzwecksaal einer Gaststätte gezeigt, die für diesen Abend zum improvisierten Kino wurde.

Was geschah wirklich mit Baby Jane?
USA 1962, 134 min.
Regie: Robert Aldrich.
Darstellerinnen: Bette Davis, Joan Crawford.

Künstlerfilme im Souterrain und in der Beletage der Kunst

Das große Rennen von Belleville (2003)

Wir beginnen unser Programm der Künstlerfilme mit dem Animationsfilm „Das große Rennen von Belleville". Das mag Sie vielleicht erstaunen. Animationsfilme gelten nicht unbedingt als Kunst. Zuallererst denkt man bei Zeichentrickfilmen an die amerikanische Konfektionsware für ein kindliches oder jugendliches Massenpublikum.

Wie groß die Bandbreite des Animationsfilms ist, wird schnell klar, wenn man sich das Programm der internationalen Trickfilmfestivals in Annecy, Stuttgart, Leipzig, Wien oder Zagreb ansieht.

Das Medium Trickfilm vereint die Ausdrucksmittel fast aller Kunstformen – von der Malerei, Bildhauerei, Literatur, Musik, Grafik, Typografie und der Fotografie bis zur Objektkunst.

Der Animationsfilm ist so alt wie die Kinematografie. Durch die Technik der Stopp-Motion kann nahezu alles in Bewegung versetzt werden. Das geht so: ein Objekt oder eine Zeichnung wird im Einzelbild aufgenommen. Dann wird die Kamera gestoppt, um ein Detail zu verändern. Dann wird das nächste Bild gemacht. Die schnelle Abfolge von 24 Einzelbildern pro Sekunde erzeugt zuletzt die Illusion der Bewegung.

Bald entwickelten nicht nur Zeichnungen, sondern auch Scherenschnitte, Puppen, Knet- und Flachfiguren ihr Eigenleben auf Zelluloid. Erinnert sei hier nur an die Pionierin des Animationsfilms in Deutschland, Lotte Reiniger, die Meisterin filigraner Silhouettenfilme, die 1926 mit „Die Abenteuer des Prinzen Achmed" den ersten Langfilm (66 Minuten!) überhaupt geschaffen hat.

Die unendlichen Möglichkeiten, die keiner Phantasie Grenzen setzen, und die Genauigkeit im Detail sind die besonderen Chancen des Animationsfilms. Dabei kann vieles entstehen: ein spektakuläres Feuerwerk von Einfällen, eine streng reduzierte Visualisierung oder eine experimentelle Form, die mit Rhythmus, Farbe, Bewegung und Licht arbeitet und sich der „Illusion of Life" und einer linearen Geschichte verweigert.

„Das große Rennen von Belleville" ist eher dem spektakulären Feuerwerk von Einfällen zuzurechnen, mit zahlreichen historischen Zitaten und Reminiszenzen an das Vaudeville-Theater der späten 20er Jahre. Er präsentiert aber in Ästhetik, Erzählung und Musik eine streng durchkomponierte eigene Welt. Und es geht um ein urfranzösisches Thema: die Tour de France!

Der Film wurde gezeigt im Gewölbekeller des Göttinger Künstlerhauses, der für diesen Abend zum improvisierten Kino wurde.

Das große Rennen von Belleville
Frankreich 2003, 78 min.
Regie: Silvain Chomet.

Pollock (2008)

Heute steht ein Spielfilm auf dem Programm: „Pollock" (2008) von Ed Harris, der auch die Hauptrolle spielt. Es handelt sich um ein aufregendes biographisches Porträt Jackson Pollocks – neudeutsch nennt man das Genre inzwischen „Biopic", was nichts mit ökologischer Tierhaltung zu tun hat (Biography – Picture).

Pollock, Jg. 1912, tödlich verunglückt bei einem Autounfall im Jahr 1956 ist d e r Vertreter des Abstrakten Expressionismus in den USA. Er gilt als einer der wichtigsten Künstler des 20. Jahrhunderts. In wenigen Jahren – zwischen 1946-1951 schuf er sein Hauptwerk, das sich von der gegenständlichen Malerei ganz abwendet und sich auf komplexe Farbschichten, Strukturen, Kontraste und Rhythmen konzentriert. Es ist der Akt des Malens selbst, der zum Signum des abstrakten Expressionismus wurde. Pollocks Technik des Action-Painting, bei der auf großformatige Leinwände Farbe getropft, gesprengt, gespritzt oder gegossen wurde (Stichwort: Drip-Painting), brachte ihm den freundlichen Spitznamen „Jack, the Dripper" ein. Selbstzweifel und Bestätigung durch Erfolg liegen nah beieinander. „Life" feiert ihn 1949 im Kalten Krieg als Verkörperung des demokratisch-freiheitlichen Amerika. Auf der Biennale des Jahres 1950 gehört Pollock zu den Auserwählten, welche die USA repräsentieren.

Ein Jahr später gerät er in eine tiefe künstlerische Krise. Er malt kaum noch. 1953 kehrt er temporär zur figurativen Malerei zurück, um 1955 das Malen ganz aufzugeben. Wegen seiner Depressionen und seines Alkoholismus musste er sich erneut in psychotherapeutische Behandlung begeben.

Von dieser zerrissenen Biographie des Künstlers als Genie, vom Akt des Malens und vom denkwürdigen Verschwinden der Kreativität erfahren wir in diesem Film viel.

Doch darüber hinaus gerät zunehmend die Beziehung des Künstlerpaares Jackson Pollocks und Lee Krasners in den Fokus. Wir sehen hier das Muster einer asymmetrischen Liebesbeziehung von solider Haltbarkeit: Was macht die Asymmetrie in dieser Geschichte aus? Es ist die Aussicht auf emotionale Stabilisierung und die illusionäre Hoffnung auf Genesung und Rettung einerseits. Und es ist auf der anderen Seite die Bereitschaft zur Selbstaufgabe und Unterwerfung unter Bedingungen, die nicht verhandelbar sind.

Der Film wurde gezeigt im Gewölbekeller des Göttinger Künstlerhauses, der für diesen Abend zum improvisierten Kino wurde.

Pollock
USA 2008, 119 min.
Regie: Ed Harris
Darsteller: Ed Harris, Marcia Gay Harden.

Absolut Warhola (2001)

Andy Warhol kennt jeder! Vor allem seine Drucke von Marilyn Monroe, Mao und Campbells Tomato Soup sind bereits in den sechziger Jahren zu Ikonen der Pop-Art geworden. Etwas weniger bekannt sind seine frühen Illustrationen aus den fünfziger Jahren: die Katzen, die Schuhe, seine ersten Arbeiten für die Werbung.

Kaum ein anderer Künstler arbeitete konsequenter nach der Maxime vom „Kunstwerk im Zeitalter unbegrenzter technischer Reproduzierbarkeit" als Warhol. Er selbst war Epizentrum und Fixstern der „Silver Factory", einem Kraftwerk der Underground-Kunstszene im Herzen des „Village" von New York.

Aber nur wenige wissen, wo Andy Warhol und seine Familie herkommen.

Stanislaw Mucha suchte in Medzilaborce und im Nachbardorf Mikova nach den Wurzeln der amerikanischen Pop-Art Ikone Andy Warhol, deren Sippe schon immer hier lebte und leben wird. Und er fand die Tanten, Vettern und Kusinen und natürlich auch das einzige Pop-Art-Museum Europas, das wie ein kulturelles Ufo irgendwo im Nirgendwo, im „ruthenischen Bermuda-Dreieck" zwischen der Slowakei, Polen und der Ukraine steht. Warum gerade dort? Weil die in Medzilaborce mal wieder schneller und schlauer waren als die in Mikova!

Zeit und Schnaps hat man hier im Überfluss, man hat einander, man hat seine Vorurteile gegen Zigeuner und Homosexuelle, kaum einer hat Arbeit und jeder hat sein eigenes Bild von Andy Warhol. Denn offensichtlich sind die Kontakte der Auswanderer in die alte Heimat nie völlig abgebrochen. „Dokumentarische Komödie" hat Mucha seinen Film genannt.

Wer das trauliche Nest von Familie, Tradition und Region verlässt, umschreibt diese Vergangenheit bisweilen mit dem freundlich-milden Satzanfang: „Da, wo ich herkomme..." Andere ziehen es vor, auf Abstand zu gehen zu all dem. Wem die eigene Herkunft zu eng und stickig geworden ist, der schaut eher in die andere Richtung und sagt: „Da, wo ich weg bin ..." In diesem Fall gibt es keinen Anlass zur Verklärung! Doch meist bleibt man ihr auf komplizierte Art verbunden. Das zeigt indirekt auch dieser Film!

Mit „Absolut Warhola" ist Mucha ein lustiger und deprimierender Film über ein kleines Kaff in Ruthenien gelungen, das ein Pop-Art-Museum eingerichtet hat für den berühmtesten Sohn der Gegend.

Der Film wurde gezeigt im Gewölbekeller des Göttinger Künstlerhauses, der für diesen Abend zum improvisierten Kino wurde.

Absolut Warhola
Deutschland 2001, 80 min.
Drehbuch und Regie: Stanislaw Mucha.

Mein blaues Cello (2010)

Wolfgang Würker hat unter anderem für Terra X (ZDF) geografisch-geologische Dokumentationen gedreht und produziert, aber auch sehr unterschiedliche biografische Porträts fürs Fernsehen realisiert: über den Basketball-Star Dirk Nowitzki und über den Cellisten Frank Wolff.

Würkers Dokumentarfilm „Mein blaues Cello" nähert sich dem Musiker Frank Wolff mit Einfühlung und Sympathie. Dabei entsteht viel mehr als ein Künstlerporträt, wir gewinnen das Bild einer Generation und einer Epoche, für die 1968 zur Chiffre wurde. „Generation 1968 – forever young!" Wie die FAZ titelte.

Zusammen mit seinem Bruder KD Wolff aufgewachsen in einem Pfarrhaus in der hessischen Provinz, zieht es die Brüder in die große Stadt, nach

Frankfurt, ins Epizentrum der Protestbewegung. Nur dass Frank Wolff dabei die Musik nie vergisst.

Seit Kindertagen ist er dem Klang des Cellos verfallen. Auch in den turbulenten Sechziger Jahren blieb er dem Relikt bürgerlicher Hausmusik treu, bis heute. Das Instrument erlaubt dem Künstler, Töne, Klänge und Geräusche, die er andernorts mit allen Sinnen aufnimmt, auszudrücken.

E.T.A. Hoffmann, der einzige romantische Dichter, der auch Komponist war, hielt die Instrumentalmusik für die Verkörperung der romantischen Musik schlechthin. Seine Begründung: „Diese Musik schließt dem Menschen ein unbekanntes Reich auf; eine Welt, die nichts gemein hat mit der äußeren Sinnenwelt und in der er alle durch Begriffe bestimmbaren Gefühle zurücklässt, um sich dem Unaussprechlichen hinzugeben." In das unbekannte Reich jenseits der Begriffe nimmt auch Frank Wolff seine Zuhörerschaft.

Der Regisseur hat sein Musikerporträt „Mein blaues Cello" genannt. Vielleicht denken Sie dabei sofort an das zentrale Motiv der Romantik, „Die blaue Blume" und an Joseph von Eichendorffs gleichnamiges Gedicht? Oder an die Gemälde von Philipp Otto Runge? Oder an den Lyrikband Else Lasker-Schülers, „Mein blaues Klavier", veröffentlicht in der Palästina-Emigration im Jahr 1943?

Haben wir es hier mit einem Wiedergänger der Romantik zu tun? Steht „Das blaue Cello" also für die Sehnsucht nach Einheit von Realität und Traumwelt, Verstand und Empfindung? Oder unterläuft das Motiv im Gegenteil diese Sehnsucht geräuschvoll? Ist der Altlinke Frank Wolff ein klammheimlicher Romantiker oder gerade nicht?

Der Film wurde im Max Planck Institut für biophysikalische Chemie in Göttingen gezeigt. Danach folgte ein Solokonzert des Cellisten Frank Wolff „Peng! Vom Urknall bis Bach und weiter."

Mein blaues Cello
Deutschland 2010, 62 min.
Regie: Wolfgang Würker.

Don Giovanni. Oper von Wolfgang Amadeus Mozart (1979)

Mozarts Don Giovanni ist eine der bekanntesten Opern der Musikgeschichte. Das „heitere Drama" (dramma giocoso) über den bestraften Bösewicht wurde 1787 mit überwältigendem Erfolg in Prag uraufgeführt. Das Wiener Publikum goutierte die Oper ein Jahr später allerdings weit weniger. Der Regisseur Joseph Losey schuf knapp 200 Jahre später daraus einen der herrlichsten Opernfilme.

Don Giovanni / Don Juan ist der bekannteste Opernheld des 18. Jahrhunderts. Der leichtlebige spanische Aristokrat hat sich auf das Erjagen von Frauen spezialisiert. In der Wahl der Mittel ist er durchaus vielfältig: mal ist er der eloquente Verführer, der zärtliche Liebhaber oder der gewalttätige Draufgänger.

Als Don Giovannis Annäherungsversuch bei Donna Anna scheitert, flüchtet er und ersticht ihren Vater, den Komtur, der im Zweikampf die Ehre der Tochter verteidigen will. Dann begegnet er seiner verlassenen Geliebte Donna Elvira. Bevor sie sich an ihm rächen kann, zieht Don Giovanni weiter zu seinem nächsten potentiellen Opfer, Zerlina. Doch die Libertinage wird ruchbar. Und die Betrogenen verbünden sich, um Rache zu üben. Er lockt seine Verfolger auf eine falsche Fährte. Auf einem Friedhof trifft Don Giovanni auf die Statue des toten Komtur, den Don Giovanni in Verkennung der Situation zum Nachtmahl einlädt. Er stellt damit unter Beweis: Selbst den Toten erweist er seine Respektlosigkeit. Aus diesem Grunde (und nur aus diesem) fährt er am Ende zur Hölle!

Die Charaktere:

Don Giovanni / Don Juan ist die personifizierte Verantwortungslosigkeit. Für ihn zählen allein das erotische Abenteuer und seine Steigerung. Ausschließlich daraus bezieht er seine männliche Bestätigung. Man könnte mit Hans Mayer sogar sagen, das Leben sei ihm nichts als die permanente Reihung der erfüllten Augenblicke.

Eines seiner Opfer ist Donna Anna. Er stellt ihr nach und versucht sie zu überwältigen. Mit äußerster Anstrengung kann sie sich befreien und will dem Unhold die Maske vom Gesicht reißen. Der flieht. Aber sie verliert ihren Vater, der im Duell mit Don Giovanni für sie stirbt. Sie steht unter beträchtlichem seelischen Druck. Expressiv und zugleich labil wirkt diese Figur.

Anders ihr Vater, der Komtur. Zu Beginn der Oper ein alter Mann, ein vom Verführer kaum ernst genommener Vater, wächst er als Bote aus dem Jenseits über sich hinaus: Nach der Verwandlung erscheint er furchterregend und majestätisch.

Als Gegenspielerin seiner erotischen Obsessionen erscheint Donna Elvira. In ihr mischen sich Hass und Rachegelüste gegen den Treulosen, der ihr die Ehe versprach, mit leidenschaftlichen Empfindungen für den trotz allem Geliebten. Noblesse und Willenskraft zeichnen diese junge Frau aus. Mit einer gewissen Logik muss die stolze exzentrische Donna Elvira zuletzt im Kloster enden, nachdem die Welt ihr so viel versprochen hatte und dann so viel versagte.

In der Welt der Getriebenen, der schnell Entflammten und der Rachedurstigen verkörpert schließlich Don Octavio einen Gegenpol: die sorgende Liebe um seine Verlobte Donna Anna – nicht die Leidenschaft, sondern die innige Freundschaft, die ausgleichende Geduld und die Vernunft.

Dann sind da noch die abhängig Beschäftigten:
Da ist zunächst Leporello, der Diener Don Giovannis, der eigentlich schon längst den Dienst quittiert haben will, aber sich mitunter doch ganz gut bei seinem Herrn amüsiert. Letztlich ist er mit Geld zu korrumpieren und durch nackte Gewalt zur Komplizenschaft zu bewegen.

Zerlina, das Mädchen vom Lande, ist reizend, temperamentvoll, sehr körperlich und ziemlich anpassungsfähig an die Gewaltverhältnisse mit denen sie konfrontiert ist. Am Tag ihrer Hochzeit hat Don Giovanni ein Auge auf sie geworfen – ein Begehren, dem auf einfache Weise nicht zu entkommen ist.

Masetto, ein junger Bauer und Zerlinas Bräutigam. Der Unterlegene weiß sich nur durch zähe Anwesenheit und Zähneknirschen oder durch Wutausbrüche zu helfen. Er ahnt, dass ihm übel mitgespielt wird, ist aber den Finten seines Herrn nicht gewachsen und wäre dagegen auch machtlos.

Die Figur des Don Giovanni / Don Juan ist über die Jahrhunderte vielfältig gedeutet worden. Der Regisseur Joseph Losey präsentiert den Helden weniger als vergnügten Frauen-Jäger von strahlender Lebensart, sondern als selbstsüchtigen, grausamen Aristokraten, als Betrüger, Heiratsschwindler und Zyniker, dem mit irdischer Gerechtigkeit nicht beizukommen ist.

Losey setzt seinen „Don Giovanni" nicht auf der Bühne, sondern an Originalschauplätzen in Szene: das Landhaus als aristokratische Lebensform in Oberitalien, insbesondere die Villa Rotonda von Palladio, aber auch Venedigs Kanäle bilden das Ambiente dieses Films, der weit über die Aufzeichnung einer Bühneninszenierung hinausgeht, wie man sie beispielsweise im CineMaXx zu sehen bekommt. Hörgenuss und Schaulust kommen hier zu ihrem Recht.

Der Film wurde gezeigt im Foyer des Bürgerhauses in Bovenden, wo für diesen Abend Kino mit großer Leinwand improvisiert wurde.

Don Giovanni
Frankreich 1979, 173 min.
Regie: Joseph Losey
Sänger: Ruggero Raimondi, John Macurdy, Edda Moser, Kiri Te Kanawa, Kenneth Riegel, José van Dam, Teresa Berganza, Malcom King, Eric Adjani.

Banksy – Exit through the Gift Shop (2010)

Sie kommen, sie sprayen, schablonieren oder kleben, und verschwinden schnell und möglichst lautlos wieder im Dunkel der Nacht – Street Art-Künstler, Produzenten einer Kunst, bei der die Meinungen darüber, ob es sich überhaupt um Kunst handelt, nicht geteilter sein könnten.

In Banksys erstem Film „*Exit through the Gift Shop*" nun geht der wohl bekannteste und in Ausstellungen gefeierte Künstler allerdings nicht mehr jener Frage nach, nein, er bohrt tiefer und generalisierter: Was ist Kunst und verdient ihren Namen? Kann jeder ein Künstler sein? Und vor allem – sollte es jeder sein?

Als der franko-amerikanische Hobbyfilmer Thierry Guetta beschließt, einen preisenden Film über Banksy und die Street Art zu drehen, ahnt er noch nichts von Banksys eigenen Plänen. Denn im Gegensatz zu Guetta erkennt Banksy schnell dessen sichtliche Überforderung und dreht den Spieß um. Es entwickelt sich eine nicht unbedingt authentische, dennoch umso mehr im Bereich des Möglichen liegende Dokumentation über des ehemaligen Regisseurs weiteren Werdegang und, wie scheinbar nebenbei, eine mit satirischem Witz und genauer Beobachtung herausgearbeitete Darstellung der heutigen Kunst- und Street Art-Szene.

Dabei porträtiert der Film das kreative Chaos, ohne selbst darin zu versinken; behält sich seine sozialkritisch-ironische Hintersinnigkeit im Angesicht größten Hohlsinns bei. Ein Film - nicht nur - für alle Rattenliebhaber.

Der Film wurde gezeigt im Gewölbekeller des Göttinger Künstlerhauses, der für diesen Abend zum improvisierten Kino wurde.

Banksy – Exit through the Gift Shop. Mockumentary
USA / Großbritannien 2010, 86 min.
Regie: Banksy
Darsteller: Rhys Ifans (Sprecher) u.a.

War Photographer (2001)

James Nachtwey ist vielleicht der berühmteste Kriegsfotograf unserer Zeit. Seit fast 20 Jahren ist er in den Krisengebieten dieser Welt unterwegs, um zu dokumentieren, wozu Menschen fähig sind.

Kriege werden vor allem über einprägsame Bilder erinnert. Fehlen diese, dann werden Kriege jenseits der Kampfzone überhaupt nicht oder nur sehr kurze Zeit wahrgenommen. Das ist nicht erst heute eine Tatsache.

In früheren Zeiten erfüllten die Historienmaler mit ihren monumentalen Schlachtengemälden diese mediale und gesellschaftliche Funktion. Mit der Erfindung der Fotografie (Mitte des 19. Jahrhunderts) erkannten die Zeitgenossen das Potential der neuen Technik: ein realistisches, detailgenaues

Abbild der Wirklichkeit herzustellen. Sofort zog es Fotografen als Kriegsreporter auf die Schlachtfelder und hinter die Front. Bereits im mexikanisch-amerikanischen Krieg von 1846-48 wurde fotografiert! Im Krimkrieg und im amerikanischen Sezessionskrieg waren Fotografen allgegenwärtig.

Die Erfindung des Bilddruckes (Rastertypie) nach 1890 erweiterte die Möglichkeiten der medialen Verbreitung der Kriegsfotografie exponentiell. Nun konnten die Aufnahmen von Kriegsreportern in der illustrierten Massenpresse gedruckt werden.

Eine Affinität des Fotojournalismus mit Ereignissen, Personen und Konstellationen – bigger than Life - ist im 20. Jahrhundert unverkennbar: Kriege, Krisen, Katstrophen waren seine bevorzugten Themen. Aus der Schaulust der Betrachter und Leser zogen die großen Bildreporter und Dokumentarfotografen ihren besonderen Nimbus. Vor allem im Zweiten Weltkrieg prägten die Kriegsfotografen der Alliierten mit ihren Aufnahmen die Sichtweisen der nachfolgenden Generationen auf den

Krieg, auf den militärischen Gegner und am Ende auf Sieger, Besiegte und Befreite. Bekannte Namen damals sind: Robert Capa, Lee Miller, Leonard McCombe, William Vandivert, Margaret Bourke-White, Dimitri Baltermanz, Jewgenij Chaldej – um nur einige zu nennen.

Kann Fotografie etwas ausrichten gegen das Leiden, den archaischen Hass oder den kollektiven Blutrausch? Man mag einwenden, dies sei eine lächerliche, geradezu naive Vorstellung. Und doch ist es genau das, was Nachtwey – wie seine Vorgänger und Nachfolger auch - antreibt, den Krieg zu fotografieren, und die Welt durch Fotos wissen zu lassen, was geschieht. Ungebrochen ist das Vertrauen in die verstörende Macht der Bilder, das den Fotojournalismus und die Dokumentarfotografie seit ihren Anfängen begleitet. Denn Fotos können Verantwortliche zum Handeln bewegen.

James Nachtwey hat im Februar dieses Jahres den Dresdener Friedenspreis erhalten. Eine Ausstellung seiner bekanntesten Fotos ist derzeit noch (bis zum

31. Mai) im Militärhistorischen Museum in Dresden zu sehen. Aber soweit müssen Sie nicht reisen, wenn Sie die Arbeiten James Nachtweys kennenlernen wollen. Bei uns sehen Sie nun den Dokumentarfilm über den Bildjournalisten von dem Schweizer Dokumentarfilmregisseur Christian Frei.

Der Film wurde im Mehrzwecksaal einer Gaststätte gezeigt, die für diesen Abend zum improvisierten Kino wurde.

War Photographer
Schweiz 2001, 90 min.
Regie: Christian Frei
Mit James Nachtwey, Christiane Amanpour, Hans-Hermann Klare, Christine Breunstedt, Dennis O'Neill und Des Wright.

Kippenberger – Der Film.

Dieses Leben kann nicht die Ausrede für das nächste sein (2005)

Martin Kippenberger (1953-1997) zählt zu den vielseitigsten und produktivsten Künstlern der Nachkriegsjahre. Er war Maler, Installations- und Performancekünstler, Bildhauer, Plakatgestalter, Buchkünstler, Ausstellungsmacher, Lyriker, Filmer und Fotograf. Der Mann, der die Stillosigkeit zu seinem Befreiungs-Programm erhob, hatte von 1972-1976 an der Hochschule für Bildende Künste in Hamburg studiert, lebte und arbeitete danach in Berlin, Paris, Florenz und New York.

Zu Lebzeiten vom Kunstbetrieb ignoriert, wurde er nach seinen frühen Tod mit 44 Jahren (1997) „entdeckt" und nun aus denselben Gründen gefeiert: Martin Kippenberger, der Provokateur, der „Junge Wilde", der Neo-Dadaist und das Enfant Terrible des Kunstbetriebs. Wer nach einem exzessiven Leben und viel Alkohol relativ jung stirbt, hat alle Chancen zur Legende zu werden. Das ist schon klar.

Aber! Gerade in seiner Person zeigt sich der fragile Habitus des Künstlers in der Moderne – oszillierend zwischen Selbstinszenierung und Selbststigmatisierung -, überdeutlich. Ebenso wie die Paradoxien des Kunstbetriebs und die Aufmerksamkeitspolitik seiner Akteure. Ein lustiges Bonmot Kippenbergers hierzu lautet: „Ich kann mir nicht jeden Tag ein Ohr abschneiden." Seinen Zeitgenossen erschien er als ein Besessener. „Arbeiten, bis alles geklärt ist" lautete ein anderer Spruch von ihm.

Gestatten Sie, dass ich ein Feld seines künstlerischen Schaffens hervorhebe: die Fotografie: Die Fotografie und ihre rasant beschleunigte Möglichkeit der Vervielfältigung nach der Erfindung des Fotokopierers ist das Thema der Ausstellung in Duderstadt. Kippenbergers Umgang mit diesen beiden Medien mutet an, als wollte er Walter Benjamins Aussage über die „Kunst im Zeitalter der technischen Reproduzierbarkeit" auf die Spitze treiben. Und er erzielt dabei eine paradoxerweise Wirkung: die besten Produkte jenes profanen, technischen Vorgang des Kopierens entfalten eine neue, eine fremde Aura, die stärker als das Ausgangsmaterial (die Fotos selbst) das thematisieren, was Roland Barthes als hervorstechendstes Merkmal des Mediums Fotografie bezeichnet hatte: in ihr ist eine besondere Zeitform eingeschrieben: die „vergangene Zukunft". Für den Betrachter der Fotos/der Kopien ist es eine Gewissheit: „er/sie/es wird gestorben sein".

Kraftvolle Produktivkräfte Kippenbergers waren Spott, Ironie und die gezielte Peinlichkeit: In der Tradition von Dada und Fluxus demontierte er den traditionellen Kunstbegriff und den „Kanon". Er gründete die Band „Luxus" als Provokation gegen die Punks und die linksalternative Szene in Kreuzberg und zugleich als eine Anspielung auf „Fluxus", die Herausforderung des Etablierten Kunstbetriebs durch das Happening und durch schräge Töne in den 1960er Jahren. Gegenposition als Prinzip könnte man es nennen, kritischer vielleicht die Konformität des Nonkonformismus. Dafür finden Sie im Film zahlreiche Hinweise in den Arten der Selbstinszenierung des Künstlers.

Ironisch spießte Kippenberger westdeutsche Befindlichkeiten und die abstrakte Moderne in der Malerei auf in seinem neo-expressionistischen Gemälde „Ich kann beim besten Willen kein Hakenkreuz erkennen". Seine Skulptur „Zuerst die Füße" (1990) – ein ans Kreuz genagelter knallgrüner Frosch mit Bierkrug und Ei in den Händen -, provozierte eine kunstpolitische Debatte über Blasphemie. Mit „Metro-Net" startete er 1993 das globale Projekt über eine absurde Infrastruktur – unsichtbar, unterirdisch, subkutan. Kippenberger installierte die sichtbaren Gegenstücke an der Oberfläche, die stets verschlossenen Einstiegsluken in eine nicht existierende Unterwelt: Attrappen von U-Bahn-Eingängen und Lüftungsschächten standen auf der griechischen Insel Syros, in Dawson, Leipzig und auf der documenta X in Kassel (1997). Kippenberger bearbeitet den Wunsch der Peripherie, angeschlossen zu sein an das technische Gütezeichen des Großstädtischen: wir wollen auch eine U-Bahn, und wenn es nur das architektonische, visuelle, haptische und akustische Zeichen für „U-Bahn" ist. Mit dem Lüftungsschacht der Untergrundbahn stieg Kippenberger auf der Biennale 2003 postum endgültig in den Olymp der Kunst auf: zusammen mit Candida Höfer repräsentierte er Deutschland. Machen Sie sich nun also auf Etwas gefasst!

Der Film wurde im Mehrzwecksaal einer Gaststätte gezeigt, die für diesen Abend zum improvisierten Kino wurde. Der Filmabend stand im Zusammenhang mit der Ausstellung „Kippenberger –

Catwalk", die in der Kunsthalle Hans Georg Näder (HGN) in Duderstadt präsentiert wurde. Die Veranstaltung wurde freundlicherweise gefördert von der Kunsthalle Hans Georg Näder, Duderstadt.

Kippenberger – Der Film. Dieses Leben kann nicht die Ausrede für das nächste sein.
BRD 2005, 75 min.
Regie: Jörg Kobels.

Chico & Rita (2010)

Wer dachte, Zeichentrickfilme kämen immer aus den USA und seien nur etwas für Kinder, wird von diesem Film überrascht werden!

„Chico & Rita" ist ein vielfach prämierter spanischer Animationsfilm, dessen Geschichte in den Nachklubs Havannas der 40er und 50er Jahre – der damals größten Party-Insel der USA - spielt. Jedoch stehen – anders als der Filmtitel vermuten lässt – nicht allein die beiden Hauptfiguren und ihre Liebe im Zentrum. Die dritte herausragende Hauptrolle spielen die kubanische Musik und ihr Einfluss auf den amerikanischen Jazz. Und das liegt daran, dass Bebo Valdes, eine musikalische Institution in Kuba, als Komponist für den Film gewonnen werden konnte.

Eine tragende Rolle im Film spielen die beiden Städte Havanna und New York – ihre Architektur, ihr Licht, ihre Farben könnten nicht unterschiedlicher sein. Und so verschieden sind sie auch gezeichnet. New York, eine vertikale nahezu monochrome Stadt. Havanna, horizontal, sonnig, und farbenfroh.

Überaus präzise und aufregend authentisch wirkt die Ästhetik des Films in den Details: Tatsächlich konnten der Regisseur Fernando Trueba und der Starzeichner Javier Mariscal auf ein Fotoarchiv über das historische Havanna des Jahres 1949 zurückgreifen. Die Fotos inspirierten das Team zu den Innen- und Außenräumen, der Architektur und dem Design des Films. Aber natürlich ist ein Animationsfilm viel mehr als eine naturalistische Zeichnung.

Der Realismus der Animation erzeugt eine Form von Poesie durch besondere Perspektiven, ein besondere Art der Bewegung, durch ein ganz eigenes

Tempo. Der Animationsfilm erfindet dann eine ganze Welt.

Der Film wurde gezeigt im Gewölbekeller des Göttinger Künstlerhauses, der für diesen Abend zum improvisierten Kino wurde. Der Filmabend stand im Zusammenhang mit der Ausstellung „Close Up Cuba", die in der Kunsthalle Hans Georg Näder (HGN) in Duderstadt präsentiert wurde. Die Veranstaltung wurde freundlicherweise gefördert von der Kunsthalle Hans Georg Näder, Duderstadt.

Chico & Rita
Spanien / UK 2010, 93 min.
Regie: Fernando Trueba
Zeichner: Javier Mariscal.

Rebecca Horn, Performances 2 (1973) und Busters Bedroom (1990)

Rebecca Horn, die in einigen Tagen (am 24. März 2014) ihren 70sten Geburtstag feiert, zählt national wie international zu den prominenten Künstlerinnen der Gegenwart. Die poetische Kraft und die ikonografische Vielfalt sind bereits in ihren frühesten Arbeiten auf eindrucksvolle Weise angelegt. Ihre Arbeit umfasst vor allem raumgreifende Installationen, „Körper-Extensionen", Performances, Objekte und bewegliche Skulpturen, die ein geheimnisvolles Eigenleben entwickeln. 1972 war sie erstmals auf der documenta 5 in Kassel vertreten. Von ihren Aktionen und Performances gehört die dort gezeigte Körper-Performance „Einhorn" zu ihren bekanntesten Werken.

Mit ihren Körper-Extensionen schuf sie ganz neue „Tableaux Vivants", lebende Bilder, die weit entfernt sind von den naturalistischen Traditionen der Inszenierung (man wird Zeuge ihres Entstehens) und die andererseits an der Traumgrenze zwischen Realismus und Symbolismus wandeln. Uns begegnen mythische Figuren wie „das Einhorn" und weibliche Flügelwesen mit Körperfächern; opulente Federkleider, Masken und riesige Stäbe an den Händen erscheinen als Attribute einer Körperlichkeit, die vor allem Reduktion bedeutet: mit größter Vorsicht bewegen sich die menschlichen Körper im Raum. Als Instrumente der Verlängerung demonstrieren die Zugaben ihre schiere Erweiterung, einen Zuwachs an Präsenz im Raum. Als Prothesen dagegen verweisen sie auf die Fragilität der Körper und auf ihre Grenzen.

Rebecca Horns Körper-Installationen der 1970er Jahre waren und sind auch für andere Künste inspirierend, so für den modernen Tanz. In ihrem Soloprogramm der 1980er Jahre brachte die Tänzerin

Reinhild Hoffmann, die die Idee der Körper-Extension auf die Bühne. Sie tanzte mit der Last von meterlangen, grob geschnittenen Holzbrettern auf dem Rücken und gab dem Publikum eine Ahnung von der destruktiven (Schwer-)Kraft solcher Extensionen.

In ihren späteren Raumkompositionen ersetzte Rebecca Horn den menschlichen Körper zusehends durch Skulpturen, die Bewegungsabläufe endlos repetieren.

Weniger bekannt ist, dass Rebecca Horn auch einige Spielfilme gedreht hat, die im Handel mit Konfektionsware des Mainstreams schwer zu bekommen sind. Auf der Suche nach cineastischen Fundstücken sind wir fündig geworden: „Der Eintänzer" (1978), „La Ferdinanda: Sonate für eine Medici-Villa (1981) und „Buster's Bedroom" (1990). So entstand bei SPERRSITZ die Idee für ein Geburtstagsprogramm, das die Gewichte etwas anders verteilt – in unzulässiger Weise, wie manche vielleicht finden. Aber schließlich sind wir ein

Filmclub und erlauben uns diese Verschiebung der Aufmerksamkeit.

Gewissermaßen Sligthly out of Focus - sehen Sie heute zunächst Dokumentationen ausgewählter Performances der 1970er Jahre zum großen Thema, der „Körper-Extensionen" - die Kunst im Vorprogramm. Dann folgt Rebecca Horns Spielfilm „Buster's Bedroom" aus dem Jahr 1990, nach einer Erzählung von Rebecca Horn, Drehbuch Rebecca Horn und Martin Mosebach, Regie Rebecca Horn.

Zur Handlung des Films:
Eine junge Filmstudentin Micha schreibt eine Arbeit über Buster Keaton. In den dreißiger Jahren soll sich Keaton einer Entziehungskur in einem Sanatorium in der Kalifornischen Wüste unterzogen haben. Micha sucht Nirvana House, die ehemals respektable Klinik auf. Sie ist völlig heruntergekommen, der letzte Arzt ist gerade gestorben, und die verbliebenen Patienten haben einen der ihren (Donald Sutherland) zum Oberarzt "Dr."

O'Connor gemacht. Der ist nicht so harmlos, wie er scheint, doch Micha hält ihn für den einzig geistig gesunden Bewohner von Nirvana House, das bevölkert wird von einer reichlich skurrilen Gesellschaft. Der Film ist unverkennbar eine Hommage an den großen Pionier des frühen Stummfilms: Buster Keaton.

Zum siebzigsten Geburtstag der Künstlerin wurden die Filme im Gewölbekeller des Göttinger Künstlerhauses gezeigt, der für diesen Abend zum improvisierten Kino wurde.

Rebecca Horn, Performances 2: Einhorn, Kopf-Extension, Weißer Körperfächer, Handschuhfinger"
BRD 1973, Länge: ca. 15 Minuten
Realisation: Helmut Wietz.

Busters Bedroom
BRD 1990, Länge: 104 Minuten.
Regie: Rebecca Horn
Darsteller: Donald Sutherland, Geraldine Chaplin, Martin Wuttke. Drehbuch: Rebecca Horn und Martin Mosebach. Nach einer Erzählung von Rebecca Horn.

Henri-Cartier Bresson. Biographie eines Blicks (2003)

Wir wollen Sie heute Abend dazu einladen, einen Klassiker der Life-Fotografie kennenzulernen oder wiederzusehen, der stets als Künstler u n d als Fotojournalist rezipiert wurde, allerdings in unterschiedlichen Welten.

Das fotografische Werk Henri Cartier-Bressons beginnt in den frühen 1930er Jahren und umfasst viele Dekaden, was in der Geschichte der Fotografie bereits außergewöhnlich ist. Seine Aufnahmen forderten die Zeitgenossen und Betrachter zu geradezu widersprüchlichen Sichtweisen heraus: er galt als Surrealist, als Klassizist, als Humanist, als grausamer Beobachter, der mit einem „Anflug von Sadismus" die Kamera führte. Man erkannte seine elitäre Distanz zu den Objekten, den Anspruch einer reinen Ästhetik, die nie die visuelle Oberfläche durchdringt oder aber im Gegenteil den Lyriker, den Romantiker, den Realisten in ihm. Einig waren sich aber alle darin, dass Cartier-Bresson ein Künstler der Photographie sei (mit „ph"!).

Besonders bemerkenswert ist bei Henri Cartier-Bresson ein Phänomen, das ich als Etagenwechsel in den Verbreitungsmedien bezeichnen möchte: In der Betonung des Fotografen als Künstler, die Cartier-Bresson im Übrigen nach Kräften selbst betrieb, trat ein Umstand ein wenig in den Hintergrund: nämlich die Tatsache, dass K u n s t entstand, während es um Fotojournalismus ging. Anders gesagt: In den Museen der Welt und in großformatigen Bildbänden wurde das Einzelbild gefeiert, das ursprünglich Teil einer Bildserie war, die eine Geschichte erzählte. Diese wiederum war in der Regel als Auftragsarbeit für eine der großen Illustrierten und damit für ein Massenpublikum angefertigt worden. HCBs Bildreportagen erschienen durchweg in den auflagenstärksten Magazinen, in Paris Match, Regards, Vu, Life, Harper's Bazaar, in der deutschen Kristall, im Stern und in der Quick.

Wenn man bedenkt, dass „das Kunstmuseum" als Platzhalter der Hochkultur und „die Illustrierte" als Vertreterin der „trivialen" Massenmedien bis weit in die 1960er Jahre hinein herzlich wenig miteinander zu tun hatten (und haben wollten), ist dieser Vorgang – die Aufwertung durch Entkontextualisierung - erstaunlich. Es war HCB selbst, der aus der Vielzahl seiner Bilder die besten auswählte und sie als Kunstwerke in Büchern und Ausstellungen präsentierte.

Und doch ist Henri Cartier-Bresson vor allem dies gewesen: ein begnadeter Fotojournalist, der seine Aufgabe darin erblickte, Ereignisse des Weltgeschehens, aber auch sprechende Details des Alltäglichen und Personen zu beobachten und mit seiner Leica-Kleinbildkamera in Momentaufnahmen von intuitiver kompositorischer Stimmigkeit abzulichten.

In den 1930er Jahren begründete er eine neue Ästhetik der Fotografie, die er später in dem Begriff „der entscheidende Augenblick" pointierte. Doch was ist das, „l'instant décisif"? Und wann stellt er sich ein? Etwas technisch formuliert ist es für den Fotografen „das im Bruchteil einer Sekunde stattfindende Erkennen der Bedeutung eines Geschehens und die gleichzeitige exakte Anordnung seiner Formen". Für Cartier-Bresson ist Fotografieren das Gegenteil von eingreifendem Inszenieren oder Arrangieren. Ausschnitt, Perspektive, Licht, Schatten, geometrische Formen, Linien und Tonwerte hingegen sind alles, Geduld und Schnelligkeit eine unerlässliche Fotografentugend. Darüber hinaus pflegte Cartier-Bresson ganz offensichtlich ein besonderes Verhältnis zum Zufall. Mit seinen Fotos erregte Henri Cartier-Bresson Aufsehen, weil sie von großer Unmittelbarkeit zeugten. Sie wollten keinen Trost spenden, keine Hoffnung geben, die Welt auch nicht verschönern. Weder ging es um die Evidenz des Sichtbaren, noch um Spurensicherung. Der Fotograf „überraschte seine „Opfer" gleichsam in den spontanen Choreografien des Lebens" (Boris von Brauchitsch).

Wer war Henri Cartier-Bresson? Einige Details zu seiner Biografie, die eventuell wenig bekannt sind: Henri Cartier-Bresson wird 1908 in die großbürgerliche Familie eines Textilunternehmers hineingeboren. Der junge Rebell, der vorzeitig das Lycée Condorcet verlässt und sich weigert, die Unternehmensnachfolge anzutreten, fühlt sich im Paris der 1920er Jahre hingezogen zu den Surrealisten. 1927 studiert er Malerei bei dem Kubisten André Lhote. 1931 beginnt er zu reisen und zu fotografieren: zunächst an der Elfenbeinküste, dann in Europa, Mexiko und den USA. Es folgen erste Fotoausstellungen und Verträge mit Illustrierten.

Im Zeitalter der Ideologien schlägt das Herz vieler französischen Künstler und Intellektuellen links. Auch HCB gehört zu Fellow Travellern der Weltrevolution, wird aber nie Mitglied der Kommunistischen Partei. Mitte der 1930er Jahre wechselt HCB – vermutlich aus Gründen erhöhter politischer Wirksamkeit – zum Film. 1936 wird er Regie-Assistent von Jean Renoir, u.a. für den Propagandafilm der Volksfront „La vie est à nous" (1936). Ein Jahr später ergreift er im Spanischen Bürgerkrieg mit zwei Dokumentarfilmen Partei für die spanische Republik und gegen Franco („Victoire de la Vie" und „L'Espagne vivra"). 1940 gerät er in deutsche Kriegsgefangenschaft. Nach zwei erfolglosen Versuchen gelingt ihm 1943 die Flucht. In Paris schließt er sich der Résistance an und widmet sich der politisch unverdächtigen Porträtfotografie.

Im August 1944 dokumentiert er die Befreiung von Paris. Dann reist er als „Embedded War Photographer" mit den Alliierten nach Deutschland, wo er wie Lee Miller, Margaret Bourke-White, David Seymour oder William Vandivert die Befreiung der Konzentrationslager fotografiert. Nach Kriegsende dreht er einen Dokumentarfilm über die

Rückkehr der Kriegsgefangenen und Deportierten aus Deutschland nach Frankreich („Le Retour"). 1946 finden wir ihn in New York. Dort hat er das bizarre Vergnügen, eine „postume" Ausstellung über sich selbst zu betreuen, die das Museum of Modern Art über den mutmaßlich im Krieg vermissten HBC initiiert hatte.

1947 gründet er mit Robert Capa, David Seymour („Chim"), William Vandivert und George Rodger die genossenschaftlich organisierte Agentur MAGNUM. Ab 1948 folgen die großen Fotoreportagen über Indien, China, Europa, Bali, die UdSSR, Mexiko, Japan und die USA.

Bereits Mitte der 1970er Jahre wendet sich HBC neben der Fotografie wieder stärker der bildenden Kunst, und hier vor allem der Zeichnung zu.

Henri Cartier-Bresson wird zur Fotografen-Legende zu Lebzeiten – mit nationalen und internationalen Preisen überhäuft. Zur Verwaltung seines Œuvres gründet er die „Fondation Henri Cartier-Bresson", die im Jahr 2003 seine Arbeit aufnimmt. Aus jenem Jahr stammt der Film des Schweizer Regisseurs Heinz Bütler, „Henri Cartier-Bresson. Biographie eines Blicks": Rückschau und Werkporträt des hochbetagten Fotografen, Künstlers und Zeitgenossen. HCB starb kurz vor seinem 96sten Geburtstag im Jahr 2004.

Zum Regisseur:

Heinz Bütler, Jg. 1942 ist ein Schweizer Regisseur von Dokumentarfilmen. Von ihm gibt es über folgende Künstler Filmporträts: Balthus (2000), Alberto Giacometti (2001), Ferdinand Hodler (2004), Félix Vallotton (2005) und Andreas Walser (2007)

Noch ein Hinweis zum Film:

Wider Erwarten haben wir vom Schweizer Verleih keine deutsch synchronisierte Fassung des Films erhalten, sondern die französische Originalfassung mit deutschen Untertiteln. Aber keine Sorge: Im Film wird eher wenig gesprochen, und alles findet sich getreulich in den Untertiteln, so dass man gut folgen kann. Die Francophonen und die Frankophilen unter Ihnen wird es eher freuen.

Der Film wurde gezeigt im Gewölbekeller des Göttinger Künstlerhauses, der für diesen Abend zum improvisierten Kino wurde.

Henri-Cartier Bresson. Biographie eines Blicks
Schweiz 2003, 72 min.
Regie: Heinz Bütler.

Les Films de Man Ray (1923-1929)
Dix Films Courts (1923-1940)

Emmanuel Radnitzky, der sich später als Künstler Man Ray nannte, wurde 1890 im amerikanischen Philadelphia geboren. Er starb 1976. 1921 ging er nach Paris und zählte dort zum Kreis der französischen Dadaisten und später zu den Surrealisten. Zu seinen Inspiratoren und Freunden gehörten Francis Picabia und Marcel Duchamp.

Die meisten Zeitgenossen, die sich für die Kunst des frühen 20. Jahrhunderts interessieren, kennen Man Ray vor allem als Fotografen, als Maler und als Objektkünstler. Sein filmisches Werk ist heute nahezu in Vergessenheit geraten, obwohl er in den 1920er Jahren zu einem der wichtigsten Künstler des avantgardistischen Films gehörte. Man Ray sah im neuen Medium eine aufregende Möglichkeit, fotografischen Kompositionen in Bewegung zu setzen. Im Film konnte er radikaler mit Licht und Schatten experimentieren und die Grenzen zwischen dem Sichtbaren und dem Unsichtbaren, zwischen Inszenierung und Realität austesten. Auch seine Filme offenbaren einen Sinn für das Absurde und Surreale. Die Auswahl der Begleitmusik zu den Stummfilmen übernahm der Künstler stets selbst. Mitunter veränderte er die Musik in späteren Jahren.

Rays filmisches Hauptwerk entstand in den Jahren 1923-1929. Es handelt sich um die Filme: Le Retour à la Raison (1923, 2 min), Emak Bakia (1926, 17 min), L'Étoile de Mer (1928, 15 min.) und Les Mystères du Château du Dé (1929, 25 min.)

Als Künstler blieb Ray dem Stummfilm und dem Avantgarde-Film treu. Er zog nie eine Karriere in der Unterhaltungsindustrie oder im Werbefilm in Betracht und er sah den Tonfilm eher als Beschränkung der künstlerischen Möglichkeiten.

Auch seine Filme aus den Jahren nach 1929 blieben stumm. Aber nur wenige erheben einen künstlerischen Anspruch. Sein Interesse am Film verschob sich: Man Rays filmte fortan heimlich und vor allem in seinem privaten Umfeld, weil es ihm offenbar Spaß bereitete. Ähnlich wie große Fotografen gelegentlich Schnappschüsse machen, frönte Man Ray als Amateurfilmer einem Hobby. Auf diese Weise entstanden in den Jahren 1923-1940 insgesamt zehn Kurzfilme, die nie für eine öffentliche Aufführung gedacht waren. Dabei ist das verwendete Filmmaterial der Jahre 1936 durchaus bemerkenswert. Ray gehörte zum Kreis der erlesenen Adressaten, die das Unternehmen Eastman Kodak mit Kodachrome-Filmen versorgte, um die Möglichkeiten des Farbfilms testen zu lassen.

Heute lernen sie also Man Ray als Filmregisseur kennen. Zunächst sehen Sie die vier Hauptfilme, die zwischen 2 und 25 Minuten lang sind. Danach folgen seine zehn Kurzfilme. Die französischen

Untertitel im Original zeigen wir zum besseren Verständnis in englischer Sprache.

Gestatten Sie mir einige kurze Bemerkungen zu den einzelnen Filmen:

Le Retour à la Raison (1923, 2 min) ist ein sehr kurzer experimenteller Film in dem die von Man Ray 1922 so benannte Rayografie die zentrale Rolle spielt. Rayogramme (oder Fotogramme) sind so alt wie die Fotografie selbst. Henry Fox Talbot experimentierte bereits 1835 damit. Dabei handelt es sich um ein Verfahren, um Lichtgrafiken herzustellen, also fotografische Bilder ohne Kamera. Der Surrealist Ray schuf auf diese Weise - und nun im Film – animierte Formen und Körperkonturen. Der Film wurde 1923 zusammen mit Hans Richters „Rhythmus 21" und „Manhatta" von Charles Sheeler und Paul Strand uraufgeführt.

Emak Bakia (1926, 17 min) ist ebenfalls ein experimenteller Film, eine Improvisation aus Bewegung und Licht. Thema sind Form, Sequenz und

Punktierung. Wem das sehr musikalisch vorkommt, der liegt richtig: Lichtkunst und Musik sind (auch bei diesem Avantgarde-Film) eine enge Verbindung eingegangen. Über die musikalische Begleitung dachte Ray gründlich nach. Hier wählte er Jazzmusik von Django Reinhardt. Aber einen tieferen Sinn verweigert Ray dem Betrachter. Der Titel des Films ist nach Rays eigenem Bekunden als Provokation zu verstehen: Emak Bakia ist eine Wendung aus dem Baskischen und bedeutet: „Lass' mich in Ruhe" oder „Gib uns eine Pause".

L'Étoile de Mer (1928, 15 min.) Der Film entstand nach einem Gedicht des Freundes Robert Desnos – als Geschenk zur Rückkehr nach zweimonatiger Abwesenheit. Der Lyriker hatte sich am Abend vor seiner Abreise zu dem versprochenen Poem durch einen Seestern inspirieren lassen, den er neben seinem Bett in einer Schale konserviert hatte. Er schrieb die Nacht durch - zwischen Traum und Wachen. Und Ray übersetzte die bildreiche Sprache in die Sprache des Films.

Les Mystères du Château du Dé (1929, 25 min.)
Zwei Reisende (Man Ray und Jacques-André Boiffard verlassen Paris. Am Ende einer langen Reise erreichen sie das Schloss der Moderne. Dort treffen sie auf merkwürdige Leute. Wenn Sie so wollen, handelt es sich um einen Ausstattungsfilm der besonderen Art: ein Villa des Architekten Robert Mallet-Stevens, ein kubistischer Garten, Möbel und Dekorationen, Glasfenster, Uhren, Skulpturen – alles Werke namhafter französischer Designer und Künstler.

Es folgen Dix Films Courts (1923-1940, 40 min.)

Die zehn Kurzfilme Man Rays reichen von bloßen Materialresten über thematisch geschlossene, filmische Experimente bis zu klassischen Amateurfilmen. Sie geben uns eine Idee davon, wie Ray mit der Filmkamera arbeitete und welche Themen ihn beschäftigten. Aber sie zeigen auch ihn selbst und seinen Freundeskreis von Fotografen, bildenden Künstlern und Schriftstellern – sozusagen als Schauspieler ihrer selbst: Die Freunde privat.

+ Im ersten Kurzfilm sind z.B. nur einige Einstellungen der Straße (,,Rue Campagne-Première", 1923-1929) zu sehen, wo Ray sein Atelier hatte, und ein Blick auf das Atelierfenster.

+ Bei ,,Corrida" ist nicht ganz sicher, ob Man Ray oder sein Freund Ernest Hemingway den Stierkampf filmte (1929).

+ In dem Film ,,Autoportrait ou ce qui manque à nous tous" (ca. 1930) näherte sich Man Ray im Medium Film einem Thema an, das er fünf Jahre später in einem Objekt schuf: Transparenz. Zu sehen sind hier Man Ray zusammen mit der Fotografin Lee Miller.

+ ,,Poison" (ca. 1933-1935) Zu sehen sind Man Ray und Meret Oppenheim, face to face. Gezeigt werden bedeutsame Gesten des Kinos: sich eine Zigarette anzünden, einen Drink nehmen. Geht es um Vergiftung? Damals wohl kaum.

+ ,,L'Atelier du Val-de-Grace" (1935) In wenigen Einstellungen ist das Studio zu sehen, in dem Man

Rays symbolischstes Bild hing: „A l'heure de l'obervatoire – les amoureux".

+ „Course Landaise" (1937) ist ein zweiter Stierkampf-Film, der definitiv von Man Ray gedreht wurde. Er erhielt von Kodak als Versuchsmaterial einen 16 mm Kodachrome-Farbfilm.

+ „La Garoupe" (1937) ist ein klassischer Urlaubs-Amateurfilm, der bei Antibes gedreht wurde, wiederum mit dem neuen Farbfilm Kodachrome. Zu sehen sind: Picasso, Paul und Nusch Eluard, Cécile Eluard, Emily Davis, Valentine und Robert Penrose und Man Ray selbst.

+ „Ady" (1938) ein Versuch, Fragmente des Alltags von Ady Fidelin und Man Ray aus der Perspektive einer Überwachungskamera einzufangen.

+ „Dance" (1938) zeigt eine mysteriöse Frau tanzend. Ihre Kleidung wirkt wie aus Vinyl gemacht.

+ „Juliet" (1940) Man Ray und Juliet Browner filmen sich gegenseitig in Hollywood.

Die Filme wurden gezeigt im Weißen Saal des Göttinger Künstlerhauses, der für diesen Abend zum improvisierten Kino wurde. Der Filmabend stand im Zusammenhang mit der Ausstellung „BLUE MOON – The Feeling of Light", die in der Kunsthalle Hans Georg Näder (HGN) in Duderstadt präsentiert wurde. Die Veranstaltung wurde freundlicherweise gefördert von der Kunsthalle Hans Georg Näder, Duderstadt.

Les Films de Man Ray
Frankreich 1923-1929, ca. 59 min.
Dix Films Courts
Frankreich 1923-1940, 40 min.

MAX ERNST Mein Vagabundieren – meine Unruhe (1991)

Die heutige Veranstaltung ist dem Künstler Max Ernst gewidmet. Die Anlässe sind nach Jahrestagen vielfältig:

Der 125ste Geburtstag und der 40ste Todestag des Künstlers, der am 2. April 1891 in der Nähe von Köln geboren wurde und am 1. April 1976 in Paris starb, aber auch das hundertste Jubiläum der Dada-Bewegung, die 1916 in Zürich gegründet wurde, und mit Max Ernst und Hans Arp seit 1919 auch eine Filiale in Köln unterhielt. Für die Kölner Kunstszene war Max Ernst als „minimax dada-max" das, was Kurt Schwitters als Meister der „Merz"-Kunst (ein Schnipsel einer Collage aus „Commerzbank") für Hannover war.

Zu Dada fand Max Ernst als Überlebender des Ersten Weltkriegs. Der Krieg hatte sein Sehvermögen gesteigert. „Auferstanden von den Toten" zog Ernst aus, um als Magier den Mythos seiner Zeit zu finden. Dada war wie eine Bombe, eine Explosion von Lebenslust und Revolte gegen die akademische Kunst. Doch beim Dadaismus blieb es nicht.

Im Paris der 1920er Jahre wurde er zum Surrealisten. Später, als Emigrant in den USA, entdeckte er die Abstraktion und wandte sich der Skulptur zu. In Gemälden, Collagen und Skulpturen schuf Max Ernst phantastische Landschaften, rätselhafte Figuren und bizarre Wesen.

Die Nationalsozialisten diffamierten ihn. In der Femeausstellung „Entartete Kunst" (1937) war sein Gemälde „Die Erschaffung der Eva oder die schöne Gärtnerin (1923) zu sehen. Es gilt seitdem als verschollen. Da lebte Ernst schon über fünfzehn Jahre in Frankreich. 1941 floh er vor Internie-

rung und Verhaftung als „feindlicher Ausländer"
in den USA. Auch nach dem Krieg reiste er nur gelegentlich nach Deutschland. Er zog es vor, seinen
Wohnsitz wieder in Frankreich zu nehmen und
wurde 1958 auch französischer Staatsbürger.

Ohne Max Ernst hätte es die Kunst des Surrealis-
mus in dieser Form vermutlich überhaupt nicht ge-
geben. Etliche seiner Arbeiten wurden weltbe-
rühmt und in den unterschiedlichsten Medien re-
produziert und popularisiert – ein Faktum, das den
Zugang zum künstlerischen Werk gelegentlich e-
her verstellt als eröffnet.

Peter Schamonis filmisches Künstlerporträt, das
aus Anlass des 100sten Geburtstages 1991 entstand, präsentiert viele bekannte und weniger bekannte Arbeiten, darunter die Enthüllung surrealer
Wandmalereien im Haus des Künstlerfreundes
Paul Eluard, die hinter Blümchen Tapeten verborgen waren. Künstlerische Techniken wie die Mate-
rial-Collagen oder die Frottage als neue Form der

„Naturgeschichte" werden unmittelbar verständlich, weil wir Max Ernst bei der Arbeit zusehen oder ihm zuhören können. Wiederkehrende Motive wie der „Wald" und der „Vogel" verweisen auf seine Bezüge zur deutschen Romantik. Seine „Versuchung des Hl. Antonius" (1946) wies ihn als Maler aus, der an die Tradition der deutschen Kunst des Mittelalters anknüpfte. Vermeintlich bizarre Landschaften können auf die Essenz ihre Ursprünge hin befragt werden: die steinige Kargheit Arizonas und die Sümpfe von Louisiana.

Irgendwann sagt Max Ernst in schönstem rheinischen Dialekt: „Ein Maler, der sich findet, ist verloren." Folgen Sie dem Künstler nun durch sein Œuvre auf einem ungeraden Lebensweg durch das 20. Jahrhundert in Peter Schamonis Dokumentarfilm „Max Ernst. Mein Vagabundieren – meine Unruhe."

Der Film wurde gezeigt im Weißen Saal des Göttinger Künstlerhauses, der für diesen Abend zum improvisierten Kino wurde.

MAX ERNST Mein Vagabundieren – meine Unruhe
BRD 1991, 100 min.
Regie: Peter Schamoni.

Von tanzenden Zigaretten und El-chen – Der deutsche Animationsfilm in Werbung und Musikvideo (2006)

Weithin haben Animationsfilme in Deutschland noch immer das Image des Kinder- oder Familien-films. Die Produktionen Walt Disneys gelten dabei fast als Synonym für das ganze Genre. Doch der Animationsfilm beginnt nicht als Kinderstunde.

Es war die Industrie, welche die Möglichkeiten des neuen Mediums „Film" und darin des Genres „Animation" als erste erkannte und noch vor dem Ersten Weltkrieg „die lebende Geschäftsreklame" in der Werbung für Markenprodukte einsetzte - ob als Zeichentrick-, Puppen- oder Silhouetten-Film. Der Erste Animationsfilm, der noch Realfilmele-mente enthielt, entstand bereits 1909 als Sektwerbung zum Jahreswechsel 1909/1910. Weitere folgten für Maggi, Sarotti, Henkel, Nivea, Prym-Druckknöpfe, Kaiser's Kaffee-Geschäft in den Dekaden bis 1933. Aber auch in der politischen Propaganda ließ der Einsatz von Animationsfilmen nicht lange auf sich warten: Für Kriegsanleihen wurde seit 1914 mit den Mitteln des Zeichentricks geworben. Zum erfolgreichen Tycoon des kommerziellen Animationsfilms wurde ab 1910, besonders aber in der Weimarer Republik der Produzent Julius Pinschewer, der als Jude nach 1933 in die Schweiz flüchten musste.

An den animierten Werbefilmen waren die Größen der frühen Trickfilme beteiligt. Jenseits der Werbung prägten sie als Künstler den avantgardistischen Film der 1920er Jahre, wie etwa Lotte Reiniger mit ihren Silhouetten-Filmen in Scherenschnitt-Ästhetik, oder der Pionier Walther Ruttmann mit seiner Serie des „absoluten Films" der Reihe „Opus" oder Wolfgang Kaskeline mit einer Reihe von abstrakten Avantgardefilmen. Andere versuchten nach 1933, Walt Disney mit den Produktionen der „Deutsche Zeichenfilm GmbH" Konkurrenz zu machen. Oder sie blieben beim Werbefilm und stiegen nach 1945 zu den Machern der Werbung in der jungen Bundesrepublik auf, wie Hans Fischerkoesen, der einmal bei Julius Pinschewer angefangen hatte und nach 1933 seinen Erfolg als Trickfilmproduzent deutlich ausbauen konnte.

Aufschlussreich sind stets die politischen Übergänge und Brüche: so finden sich in den ersten animierten Werbefilmen, die nach 1945 produziert wurden, viele Elemente der älteren Ästhetik. Gelegentlich handelt es sich aber auch um Vorkriegsproduktionen, die dem Publikum erst nach dem Krieg präsentiert wurden (z.B. Coca Cola,1939)

Im Wirtschaftswunder der 1950er Jahren erlebte die Liaison von Animation und Werbung in West und Ost eine neue Konjunktur, ebenso wie eine heutzutage schon wieder liebenswert anmutende biedere Werbelyrik (stets in Reimform). Ästhetisch ist alles vertreten. Doch D A S Paradebeispiel für Westdeutschland ist sicher das HB-Männchen, jener nimmermüde, arbeitswütige und schwer gestresste und schwer cholerische deutsche Mann namens Bruno, der seit 1957 nicht nur im Kino, sondern auch in der Fernsehwerbung zu sehen war. Das experimentelle und coole Gegenstück hierzu sind die Rothändle-, und die Reval-Werbung.

Und im Osten? Obwohl es bekanntlich nicht nur an der Freiheit, sondern auch am kapitalistischen Markt fehlte, kannte auch die DDR Werbung und animierte Spots. Meist ging es um Belehrung und Volkserziehung. Ausnahme die „Tausend Teletips" (TTT), eine Kaufsendung von 20 Minuten, die seit 1960 im Fernsehen lief und neue Produkte oder solche vorstellte, die in der gelenkten Planwirtschaft gerade reichlich im Angebot waren.

In den 1980er Jahren wurde es ein wenig still um die Animation in der Werbung. Doch in den 1990er Jahren feierte der animierte Werbefilm sein

Comeback – was auch einem neuen Medium und seiner schnell wachsenden Verbreitung geschuldet ist, dem „Musikvideo".

Die Auswahl des heutigen Abends - Animationsfilme aus den Jahren 1909 bis 2006 kann allenfalls einige Schlaglichter setzen. Sie erhebt keinen Anspruch auf Vollständigkeit. Ich bin sicher, Ihnen fallen weitere Werbespots ein, die es wert gewesen wären, in die Sammlung aufgenommen zu werden.

Der Film wurde gezeigt im Gewölbekeller des Göttinger Künstlerhauses, der für diesen Abend zum improvisierten Kino wurde.

Von tanzenden Zigaretten und Elchen – Der deutsche Animationsfilm in Werbung und Musikvideo
BRD 2006, 129 min.
Kuratiert von Ulrich Wegenast.

Baselitz (2004), Ich, Baselitz (1987), Baselitz – die Dritte (2007)

Unser heutiger Filmabend ist Georg Baselitz gewidmet, einem der besonders produktiven und bis
heute – fast achtzigjährig - provozierenden Maler
der Gegenwart, der geschätzt etwa 2.800 Bilder
und Skulpturen geschaffen hat. Kürzlich zeigte
das Städel Museum Frankfurt seine monumentalen
Helden-Bilder aus den 1960er Jahren – Rebellen,
Heimkehrer, aggressive Typen, aber auch Figuren,
die auf boshafte Weise in ihrer Energie gebremst
oder gar behindert werden, Außenseiter, die man
ruhigstellen will. Als Alter Ego des Künstlers tra-
gen manche Figuren Pinsel und Palette.

Mehr als fünfzig Jahre nach der Entstehung der
„Helden", die er keineswegs als Außenseiter, son-

dern als geehrter Stipendiat der Villa Romana in Florenz gemalt hat, holzt Baselitz mit besonderer Verve gegen das „Juste Milieu" des Kunstbetriebs. Zu seinen Lieblingsobjekten gehörten jüngst malende Frauen, Steuerbeamte und Politiker, welche die geplante Verschärfung des Kulturschutzgesetzes befürworten. Aus Protest gegen ein Ausfuhrverbot von Kunstwerken ließ er eine große Zahl von Dauerleihgaben aus den Staatlichen Kunstsammlungen Dresden entfernen. Ganz offensichtlich ist der Mann noch immer für eine Provokation gut.

Bereits in seinem ersten Fernsehinterview 1987 holte Baselitz zum Rundumschlag aus: gegen den westlichen Kunstmarkt und gegen die ostdeutsche Staatskunst. Sich selbst und seine seit 1969 auf dem Kopf stehenden Bilder nannte er talentlos und bewusst disharmonisch. Und er sah sie in einer langen Maltradition der „hässlichen deutschen Bilder".

Der Maler und Bildhauer, der im Januar 1938 in Deutschbaselitz/Sachsen geboren wurde und ab 1956 an der Ostberliner Hochschule für Bildende Künste studierte, wurde bereits nach zwei Semestern vom Studium ausgeschlossen. Grund: „gesellschaftliche Unreife". So nannte man damals in der DDR die Haltung individueller Unangepasstheit. Er wechselte 1957 an die HBK in Westberlin. Aber auch im Westen führten seine Arbeiten zum Eklat. „Die große Nacht im Eimer" und „Der nackte Mann", gezeigt auf seiner ersten Einzelausstellung 1963 wurden als moralisch anstößig empfunden – und provozierten. Es folgten die „Frakturbilder" der 1960er Jahre, in denen er Bildmotive in Streifen zergliederte und neu zusammenfügte. Berühmt wurde Baselitz aber für seine auf dem Kopf stehenden Bilder. Sie fordern den Betrachter/die Betrachterin dazu heraus, das Bild vom figurativen Bildgegenstand zu lösen und es gewissermaßen als reine Organisation von Farbe und Form abstrakt zu betrachten.

Da für Baselitz Bilder nicht durch Interpretation eines Gegenstandes, sondern in einem Prozess der Destruktion, des Chaos entstehen, bezog der Maler auch ältere Bilder in den kreativen Prozess des „Remix" durch Übermalungen ein. Mit den „Russenbildern" (1998-2005) verfremdete er Arbeiten aus der Zeit des „Sozialistischen Realismus", die in der DDR entstanden waren. Seine großen grobschlächtigen Holzskulpturen, die er mit der Kettensäge fertigte, nahmen biografische Bezüge aber auch einzelne Motive aus seinen Gemälden auf.

Für die späten Arbeiten seines umfangreichen Werkes konstatierte der Künstler selbst mit großem Erstaunen das Verschwinden des Furors, der ihn ein Malerleben vampirisiert hat. An seine Stelle trat eine Form von gelöster „Altersfrivolität".

Die beiden Dokumentationen Heinz Peter Schwerfels über Georg Baselitz sind auch Selbstzeugnisse einer Verwandlung zwischen denen 17 Jahre liegen.

Die Filme wurden gezeigt im Gewölbekeller des Göttinger Künstlerhauses, der für diesen Abend zum improvisierten Kino wurde.

Baselitz. Ich, Baselitz (1987),
Baselitz – die Dritte (2007). Zwei Filme und ein Interview.
BRD 2004, 1987 und 2007, 120 min.
Regie: Heinz Peter Schwerfel.

Marathon der Weltkunst – Geschichte der documenta

Die Teile I – IV (1955-1968)

In Kassel findet noch bis zum 17. September die „documenta 14" statt. Ihr erster Standort, Athen, hat inzwischen bereits geschlossen. Vielleicht haben Sie die Ausstellung schon besucht. Vielleicht planen Sie demnächst hinzufahren – unbeeindruckt von den durchwachsenen Kritiken, mit denen die Schau und ihr Kurator Adam Szymczyk inzwischen bedacht worden sind. Aber was wäre die documenta ohne Erregungszustände und Kuratorenschelte! Erst im Rückblick erweist sich in aller Regel, was die 100 Tage-Präsentation von Gegenwartskunst taugt, auf welche künstlerischen oder gesellschaftlichen Herausforderungen die

Ausstellung wirklich (nicht nur vordergründig) antwortet und welche Wirkungen die gezeigten Arbeiten über die Ausstellung hinaus entfalten. Deshalb lohnt der Blick zurück.

Zehn Jahre nach Kriegsende, im Sommer 1955, organisierte der Kasseler Maler und Gestalter Arnold Bode im Museum Fridericianum eine große Ausstellung zur europäischen Kunst der klassischen Moderne. Er nannte sie „documenta". Sie firmierte ein wenig harmlos als kulturelle Ergänzung zur Bundesgartenschau. Damals konnte sich niemand vorstellen, dass dies der Auftakt zu einer der wichtigsten temporären Ausstellungen zeitgenössischer Kunst sein würde.

Doch 1955 ging es um Anderes. Bode holte die Kunst des frühen 20. Jahrhunderts nach Deutschland zurück – Werke und Künstler, die im Dritten Reich als Expressionisten, Abstrakte, Kubisten oder Futuristen unter das Verdikt der „Entarteten Kunst" gefallen waren. Es ging um eine späte Rehabilitierung, aber auch um eine Art von Arbeitsnachweis, der Deutschland wieder einen Platz unter den kunstsinnigen Nationen sichern sollte. Eine ganze Kunstausstellung mit Arbeiten jenseits des Figurativen zu bestücken, meinte vieles: eine geistige Standortbestimmung, ein starkes Statement, und ein Programm zur Kunsterziehung.

Wie war die Ausgangssituation vor 1955? Natürlich war die offensichtliche Nazi-Kunst – Gemälde mit Parteiemblemen, die monumentale Plastik oder die Blut-und-Boden-Malerei – sofort nach 1945 diskreditiert. Der westdeutsche Kunstbetrieb wandte sich bereits entschlossen der abstrakten Kunst zu. Etliche Sammler konzentrierten sich bereits auf die klassische Moderne und betrieben das, was Walter Grasskamp „Wiedergutmachungssammeln aus schlechtem Gewissen" nannte. Das Pendel schlug sozusagen mit Macht in die andere Richtung aus. Man pflegte eilfertig die demonstrative Abkehr von der nationalsozialistischen Kunstdiktatur und diskreditierte im Westen jegliche gegenständliche Kunst gleich mit - ebenfalls eine Form des Opportunismus. Andererseits tobte an den

Hochschulen für Bildende Künste und den Akademien ein Bilderstreit zwischen den Gegenständlichen und den Abstrakten. Die figurative Kunst geriet auch hier ins Hintertreffen, doch betroffene Künstler wie Karl Hofer wollten nicht schweigen. Der tat die abstrakte Malerei als „süß und unverbindlich" ab. Sie tauge bestenfalls zum „dekorativen Wandschmuck".

Aber abstrakte Kunst war anstrengend. Sie forderte von Mäzenen und Betrachtern eine andere Haltung ein. Auf der Jahrestagung des „Kulturkreises der deutschen Wirtschaft" 1953 fasste der Gründungsvorsitzende Hermann Reusch vor den versammelten Mitgliedern aus Industrie und Wirtschaft den Bruch mit der Vergangenheit in der bildenden Kunst nicht ohne Selbstironie zusammen: „Wir lieben das Helle nicht mehr, sondern das Grelle oder das Dunkle; das Klare nicht mehr, sondern das Unverständliche. Wir wollen nicht mehr erhoben, sondern beunruhigt sein, nicht mehr getröstet, sondern gequält."

Und das Publikum? Über die verbreitete Vorliebe für die figurative Kunst und einen durch und durch konservativen Kunstgeschmack der Zeitgenossen machte sich der Kunsthistoriker Wilhelm Worringer keine Illusionen, als er schrieb: „Die Leute, die entsetzt die modernen Kunstausstellungen verlassen und die für jeden Bildersturm auf diese Bilder zu haben wären. Es sind zum größten Teil dieselben Leute, die in den vergangenen Jahren andächtig zum Haus der Deutschen Kunst pilgerten und die dort alle Bestätigung ihres Kunstgeschmacks fanden. Dieser Riesenerfolg, er war kein bloßes Ergebnis von Propagandarummel. Er war herzlich überzeugte Zustimmung zu Hitlers Kunstdiktatur. […] Jede heutige Volksabstimmung würde ihr wieder recht geben."

Man ahnt, dass die Aufgabe immens gewesen sein muss, dem „großen Publikum" moderne Kunst nahe zu bringen und spontane negative Geschmacksurteile aufzulösen durch basales Wissen über den künstlerischen Prozess und über Traditionen und

Kontexte aus der Zeit vor 1933. Dabei hatte die Annäherung an die Moderne drei Hürden zu überwinden: die Selbstreflexion und Selbstkritik des modernen Kunstwerks; die Kritik an einer figurativen, auf den Menschen zentrierten Kunst und die Relativierung der Kategorie des handwerkliches Könnens als Werturteil.

Zu einer Annäherung an die westliche Moderne wollten die ersten documenta-Schauen Arnold Bodes dezidiert beitragen. Der Erfolg der documenta I ermöglichte vier Jahre später die Ausrichtung der Nachfolgerin documenta II (1959), die sich nun tatsächlich auf die Gegenwartskunst nach 1945 konzentrierte. Sie feierte die neue amerikanische Kunst. Zahlreiche Arbeiten des abstrakten Expressionismus von de Kooning und Pollock waren in Kassel zusehen. Die documenta III (1964) definierte sich erstmals als „Museum der 100 Tage". Sie erregte Aufsehen mit den Bildinstallationen von Sam Francis und Ernst Wilhelm Nay und mit einer Retrospektive der 500 Handzeichnungen von

Cézanne bis Vedova. Die documenta IV des Jahres 1968, die zum letzten Mal von Arnold Bode kuratiert wurde, stand mit der Pop Art wiederum stark im Zeichen der amerikanischen Kunst. Sie wurde von den zornigen „jungen 68ern" als etablierte Institution und als Institution der Etablierten erstmals lautstark in Frage gestellt.

Der Mut, aber eben auch die systematischen Defizite dieser Auswahl, werden uns in der Rückschau vielleicht deutlicher als den Zeitgenossen damals.

Auf dem Programm des heutigen Abends stehen vier Dokumentarfilme über die ersten documenta-Schauen der Jahre 1955, 1959, 1964 und 1968. Im Namen des Filmclubs SPERRSITZ wünsche ich Ihnen viel Vergnügen und erhellende Einsichten über die Kunst, die Künstler und das Publikum der 1950er und 1960er Jahre, einer fernen Zeit also, als Herren noch Anzüge trugen und Fräulein (gerade) noch Fräulein waren.

Und zuletzt: Großen Dank an das Künstlerhaus, das den Raum zur Verfügung gestellt und die Ankündigung zum Film freundlicherweise wieder über seinen Verteiler verbreitet hat.

Der Film wurde gezeigt im Weißen Saal des Göttinger Künstlerhauses, der für diesen Abend zum improvisierten Kino wurde.

Marathon der Weltkunst. Geschichte der documenta
Teile I – IV (1955-1968) . Eine Zeitreise
BRD /Hess. Rundfunk 2012, 100 min.
Regie: Rudolf Schmitz.

„Sperrsitz filmclub e.V."
Ein Nachwort

Aus dem starken Impuls heraus, der allseits beklagten Krise der Filmtheater mit bescheidenen Mitteln, aber mit umso mehr Engagement und Sachverstand etwas entgegenzusetzen, wurde 2013 der gemeinnützige Verein „SPERRSITZ filmclub e.V." gegründet.

In Zeiten des Home-Entertainments verändern sich die Rezeptionsgewohnheiten der Leute. Filme werden gestreamt, dem Netz heruntergeladen, geliehen oder inzwischen eher altmodisch für den privaten Gebrauch erworben und dann allein oder mit Freunden zu Hause auf dem Sofa angesehen. Das ortsfeste „Kino" als konventionelle Veranstaltungsform ist gerade dabei, sich ein wenig zu überleben.

Daraus schließen wir: Ungewöhnliche Orte und neue Formate müssen her, um die Menschen vor die Leinwand zu bringen! Wer heutzutage das Haus verlässt, um sich einen Film anzusehen, hat inzwischen besondere Gründe und darf sich zu einer aussterbenden Spezies zählen!

Doch es gibt sie noch, die quirligen Initiativen unverbesserlicher Cinéasten. Der Verein „SPERR-SITZ filmclub e.V." veranstaltet Gelegenheits-Kino an Orten, an denen üblicherweise gar kein Kino oder nur ausnahmsweise Kino stattfindet. Wir vernetzen Filme mit anderen Formen der Kunst. Über die eigentliche Filmvorführung hinaus dürfen Sie kurze Einführungen und Moderationen erwarten, die hoffentlich neugierig machen und anregen zum Weiterschauen und Weiterlesen. Wir präsentieren unbekannte Fundstücke, bedeutsame Genres der Filmgeschichte, Werksschauen und Hommagen, Klassiker und Kultfilme und nicht zuletzt Künstlerfilme unterschiedlichster Genres: die Künstlerbiografie im Spielfilm, den Dokumentarfilm über Künstler und Werk und den Film als Medium der Kunst.

Bei BoD sind von Karin Hartewig erschienen:

„Schön ist es hier! Roman", 2013.

Das ist Deutschland! Eine Landeskunde für alle, 2016.

Kunst für alle! Hitlers ästhetische Diktatur, ³2018.

Total angesagt. Essays zur Kulturgeschichte, 2018.

„So gut kennen wir uns auch nicht. Dreizehn Erzählungen", 2018.

„Fortuna lächelt spröde. Neue Gebrauchslyrik", 2018.

Freiheit und Zensur. Anmerkungen zu Filmen der DEFA [Reihe kinozeit: kinozeit eins], 2018.

Überholt und eingeholt. Essays zur Zeitgeschichte und Rezensionen fürs Radio, 2018.